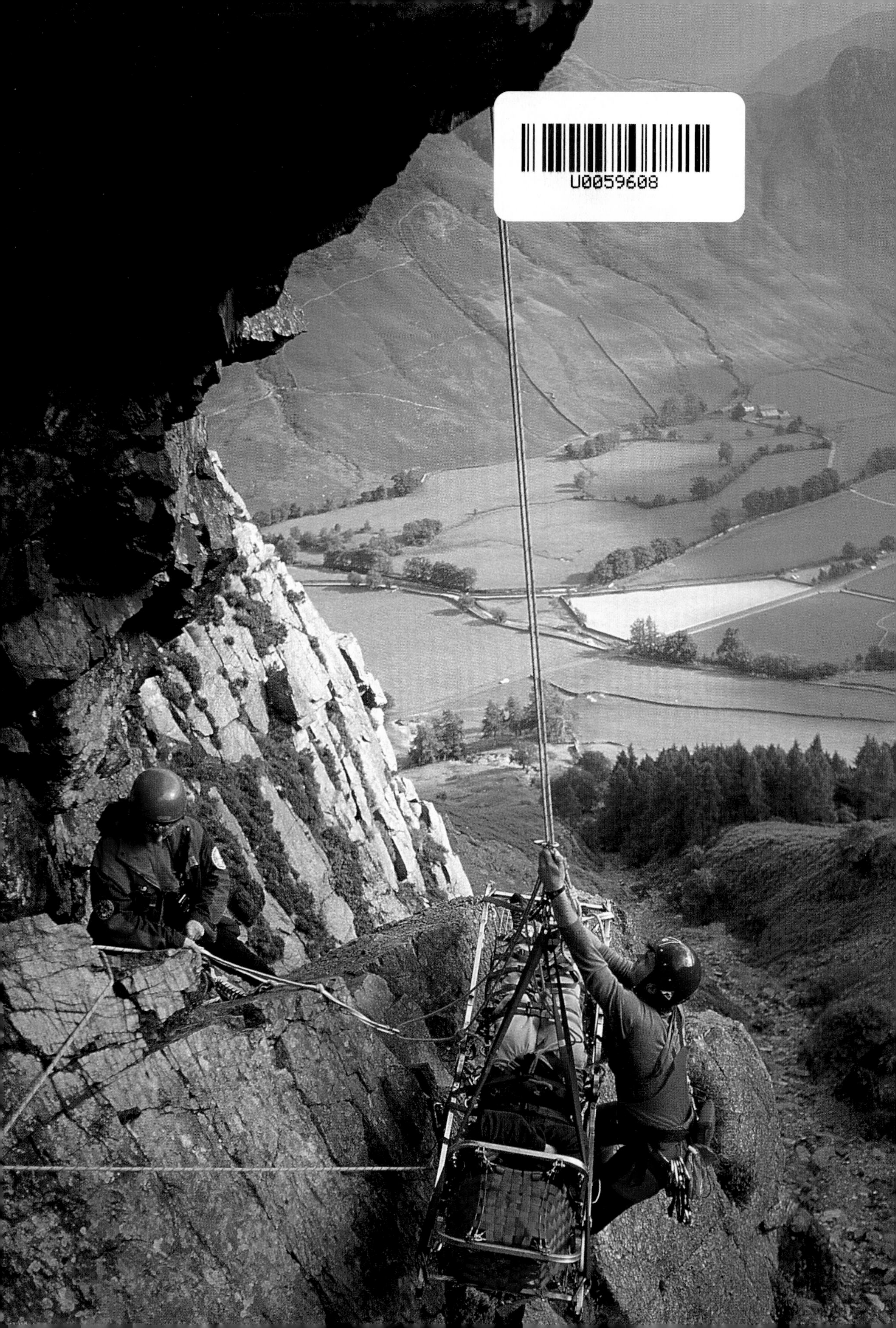

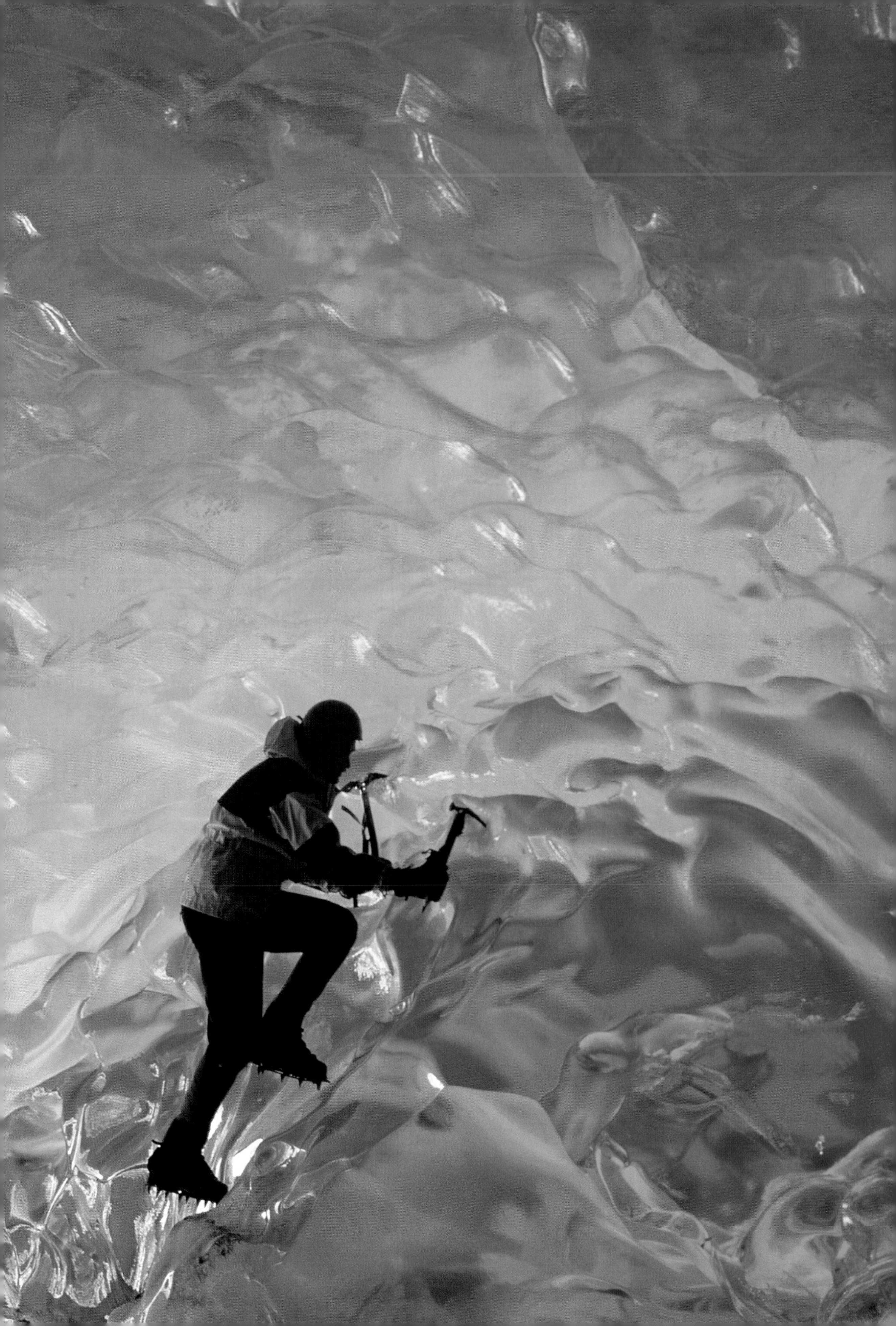

# 野外求生寶典

Outdoor Survival

## 活命的必要裝備與技能

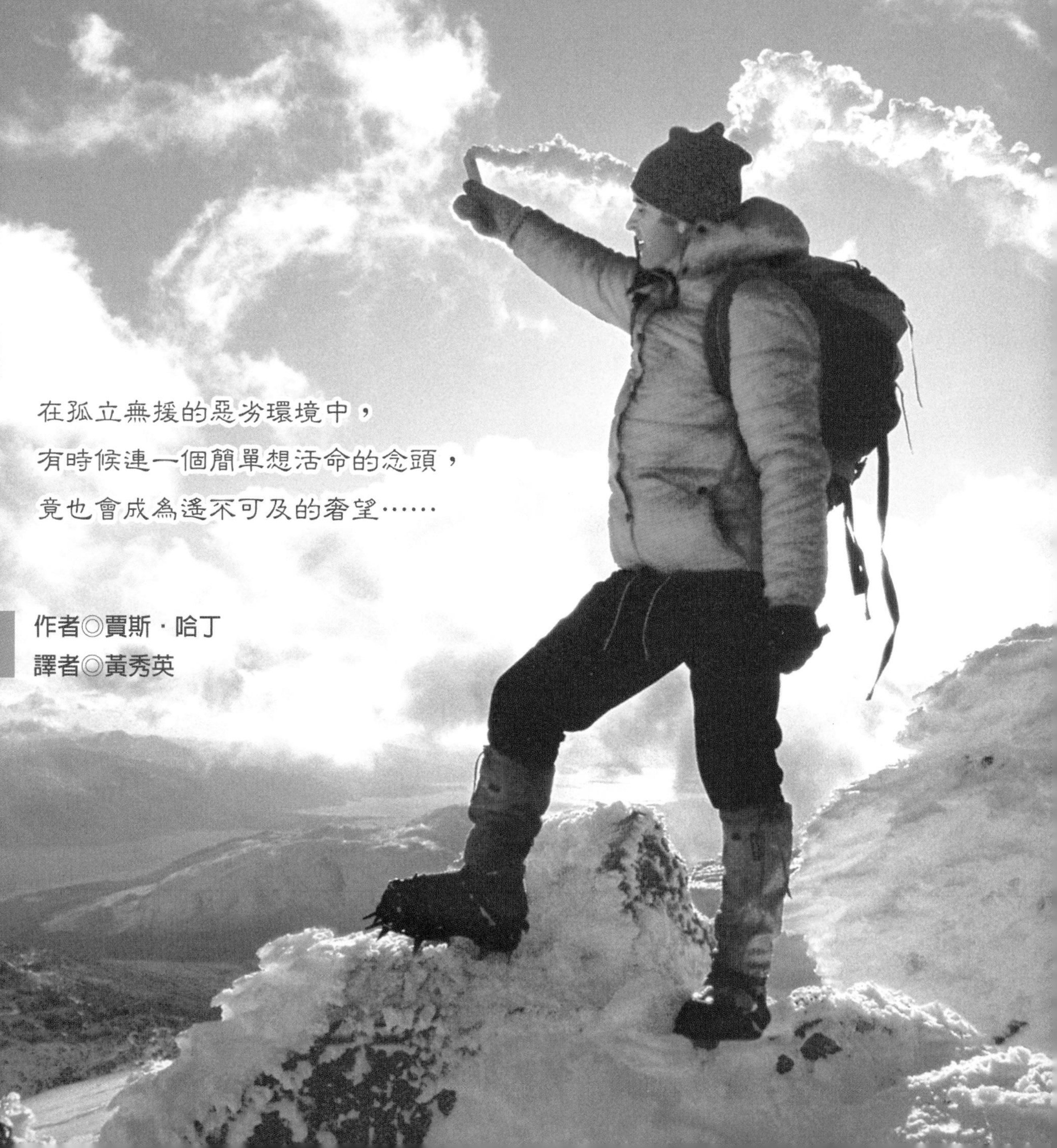

在孤立無援的惡劣環境中，
有時候連一個簡單想活命的念頭，
竟也會成為遙不可及的奢望……

作者◎賈斯・哈丁
譯者◎黃秀英

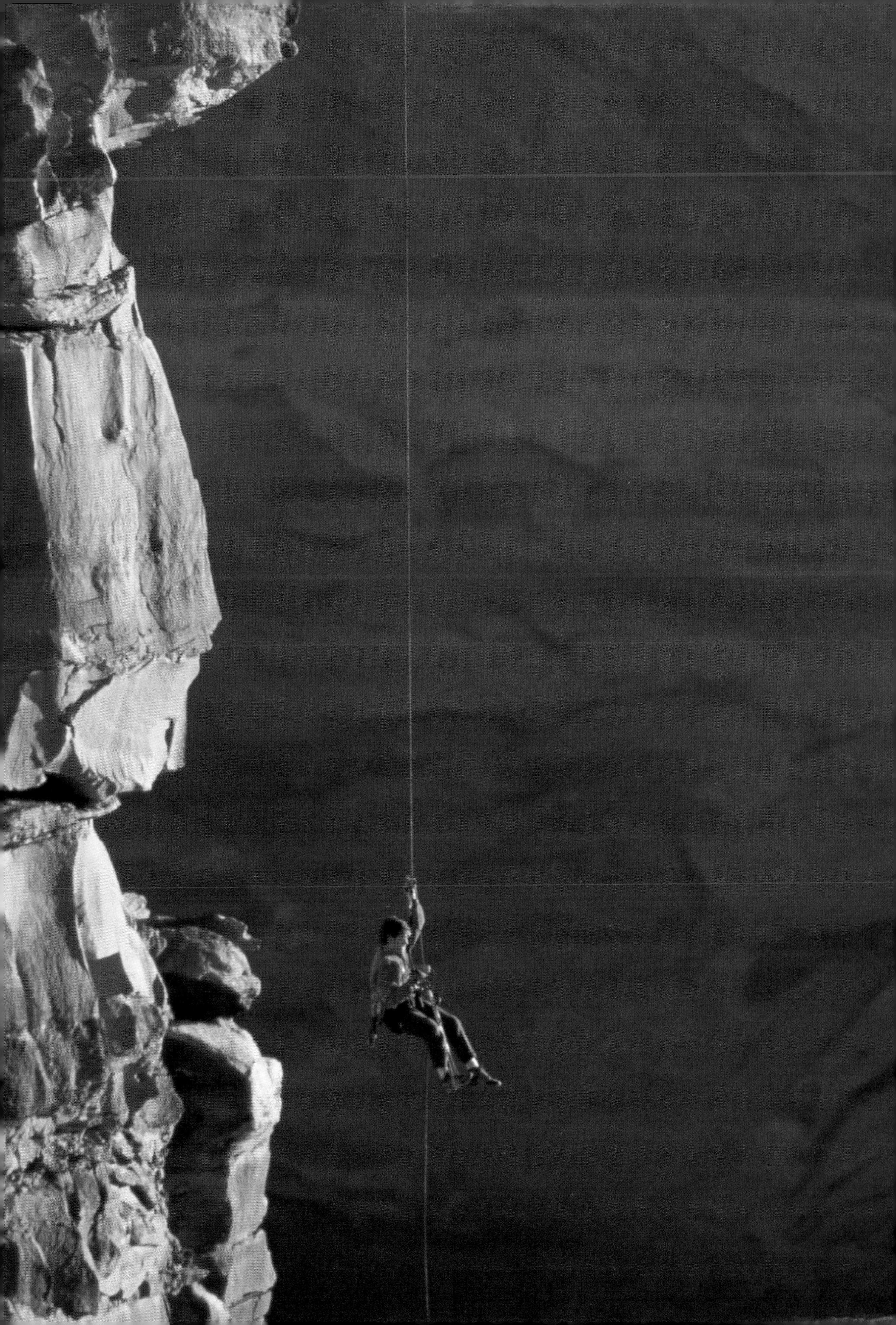

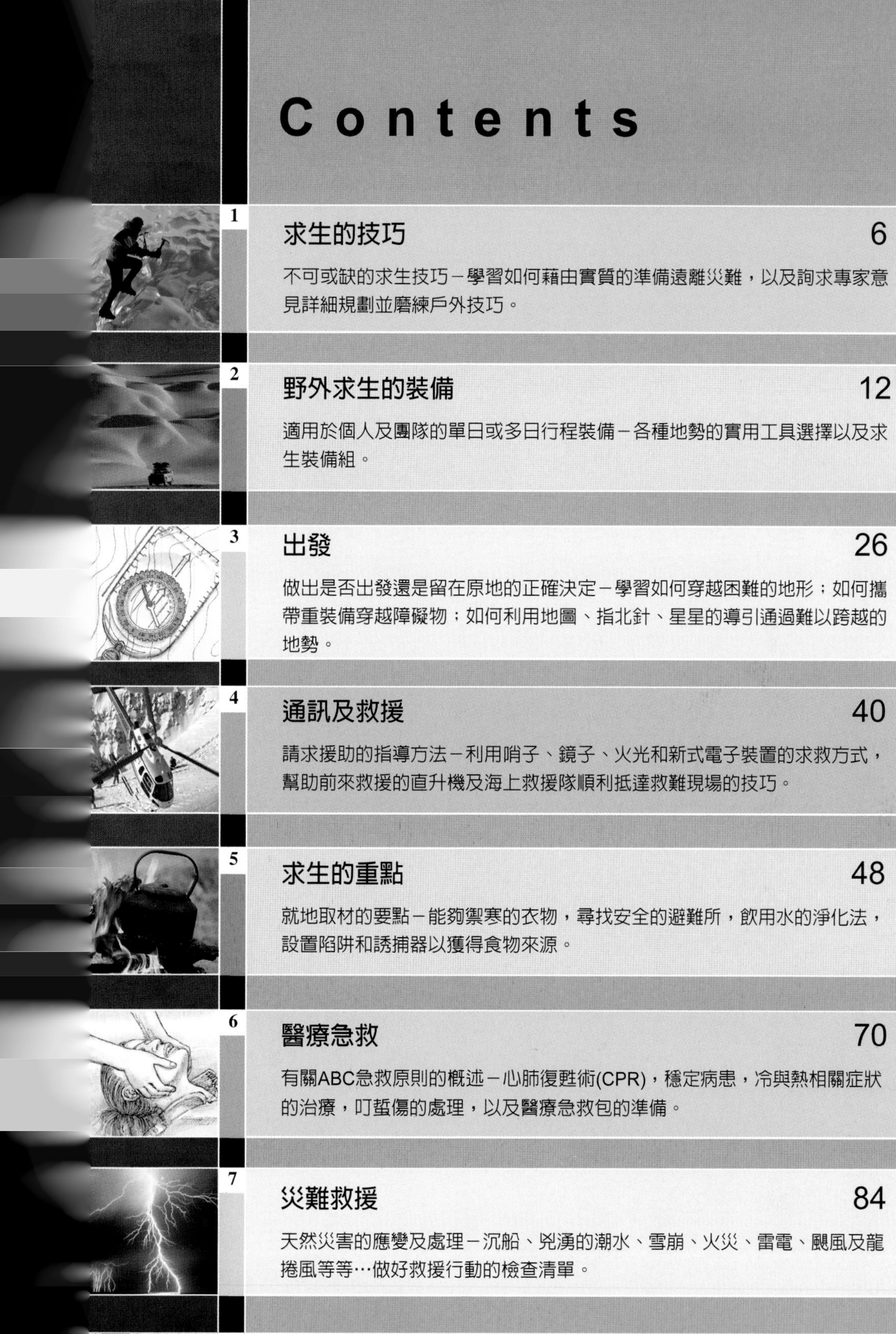

# Contents

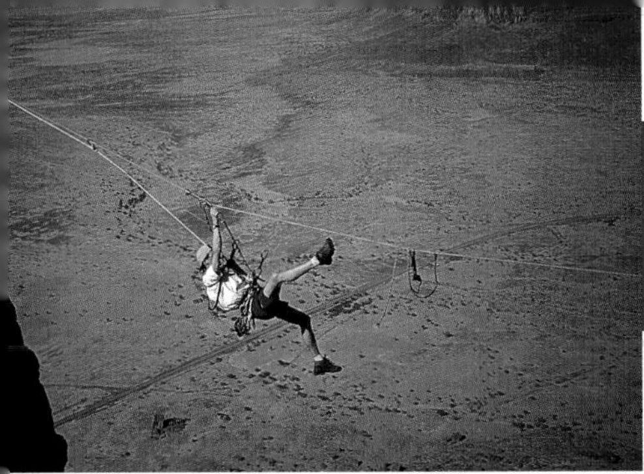

# 求生的技巧

這到底是如何發生的？在這個極度舒適的高科技環境中，人們還是不時會發生處於偏遠地方的險境之中的種種意外。

墜機、大客車和車輛碰撞事故、火車出軌、或船難所造成的危險處境，通常是無法避免的。它們可能是無法預期的自然現象，如地震、颶風或異常兇猛的暴風雨所造成的。

可是絕大部份的求生狀況是因為人類的失誤而造成的，主要的原因是人類進入荒野前疏於作萬全準備的天性所致。健行、冒險旅遊、露營、划獨木舟、越野單車或是攀岩和攀冰這類漸漸流行的戶外活動，已成為野外地區事故發生的主因。令人吃驚的是那些意外總是發生在向極限挑戰的男子漢及瘋狂的極限運動家身上。確切來說，大部份急難的求生事件皆超越尋常狀況，像是易被忽略的居家車道、泛舟之旅，或徒手進入人煙稀少的樹林裡。意外之所以會發生皆因事先的計劃考慮不足、缺乏基本的設備，或是缺乏戶外活動的經驗和相關知識。就像是一個人精心準備一趟購物之行，卻在無意間參加了一趟完全沒有事先準備的戶外冒險活動。

對以上所有問題的答案皆是：要有備而行。

## 不可或缺的求生技巧

千萬不要低估荒野的力量。許多團隊不了解當地地勢或接受野外活動的行前訓練就參與冒險活動，例如划獨木舟、攀岩或激流泛舟。好的規劃包含對地區地勢的研究、適當的裝備、活動的經驗及可勝任冒險活動的體能，對戶外冒險活動的安全性及享受活動的樂趣皆有幫助。

行前的準備是要學習關於閱讀地圖、導航、搭建避難所、穿越河川、尋找飲水及食物、生火及醫療急救準則等實際戶外及求生技巧。許多技能僅可用於實際的戶外求生狀況中(如陷阱)，但是進行行前模擬對可能發生的危機狀況是無法用金錢來衡量的。

## 如何避免求生狀況發生

最重要的是要讓自己不會身陷於求生的困難狀況中。天災的發生有時是不可預期的，然而還是有些事你可以事先準備，如戶外活動的行前準備，及按照自己的經驗，來規劃活動的難度等級與活動裝備。此時你要問自己兩個問題：

1：你是否具備足夠的經驗及知識來從事冒險活動呢？經驗是無法取代的。在寒冬中進入偏遠地區對徒步旅行的新手來說，是不太合適的活動，但令人驚訝的是，居然有為數甚多的團隊做過這種事，而導致了嚴重的後果。

2：你是否擁有適當的裝備呢？裝備不足的團隊經常會面臨嚴重的處境，如背包及鞋子的問題，或在不可預測的天候狀況下攜帶了不適用的帳篷及禦寒的衣物。

右圖 **攀冰是一種需要有充分準備及訓練的活動，一失足就會導致災害。警慎的計劃，正確的裝備如冰爪、鶴嘴尖冰鎬及頭盔是不可或缺的。**

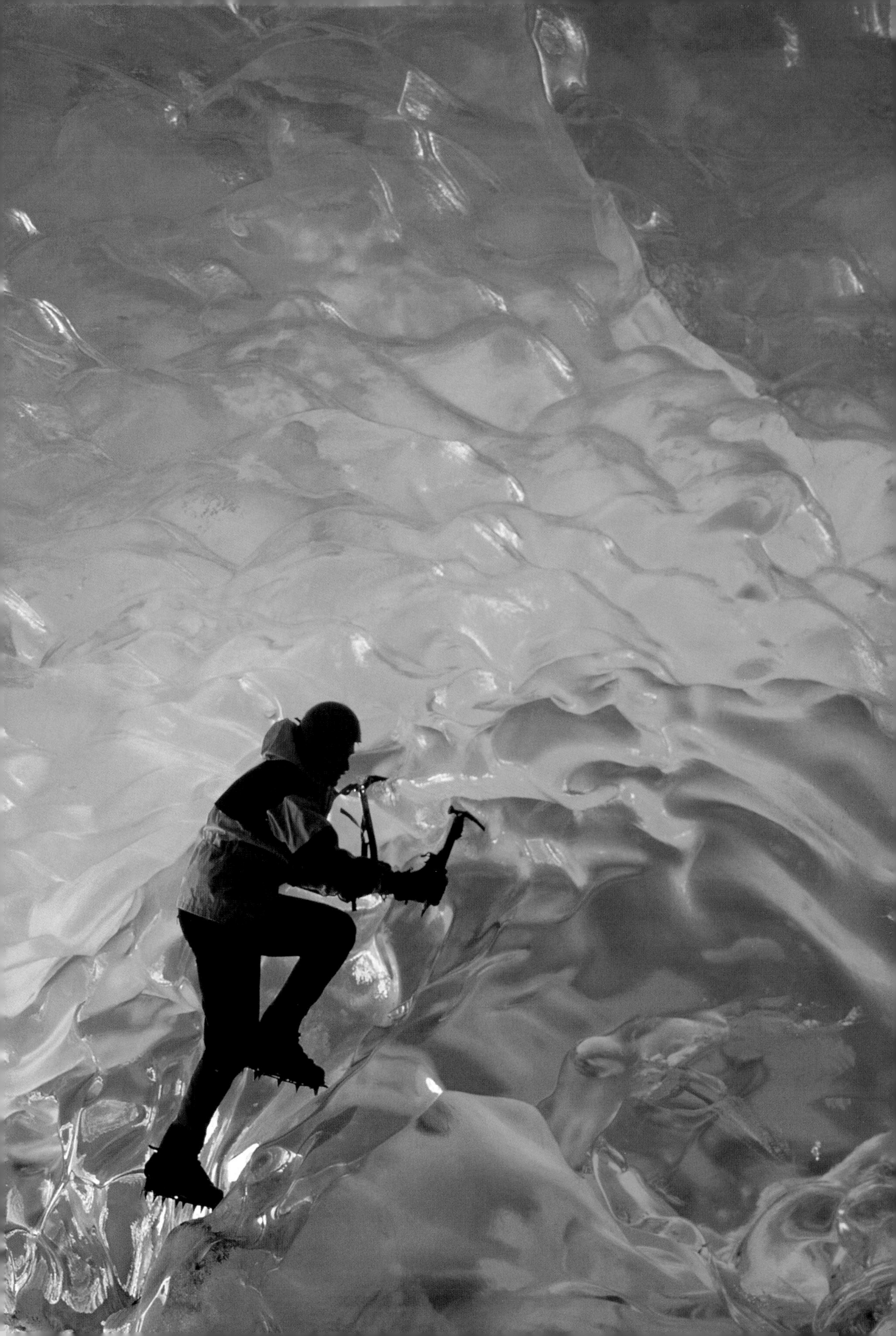

## 一般的準備

我們總是要以可能會遭遇最糟的狀況做為進入荒野的準備，如為最嚴重的天候，預估最長的停留，加入額外的時間及裝備。

藉由閱讀這類書本，來學習某些技能及改善你的體能，你會較有準備的來面對這些狀況；藉由裝備的調整，你可以適應可能會面臨的所有天候及地勢；藉由更深入的研究，你才能擁有必須應用到的知識及自信。

## 規劃你的旅程

資訊是重要的關鍵－越多關於此區域的實際訊息，你就越有準備。找出天候型態、山岳的地型、水流的強度及方向、可食用及不可食用的植物、動物生態、洋流及水溫。網路及書本也皆有提供這些關於天候的訊息，或是聽一聽到過此區域的人之經驗談。帶著最新版本的地圖及旅遊指南，與你的團員們一起仔細的規劃行程。

事情的發生往往出乎意料，因此不妨依照旅行、時間及下面幾點來思考規劃所需。

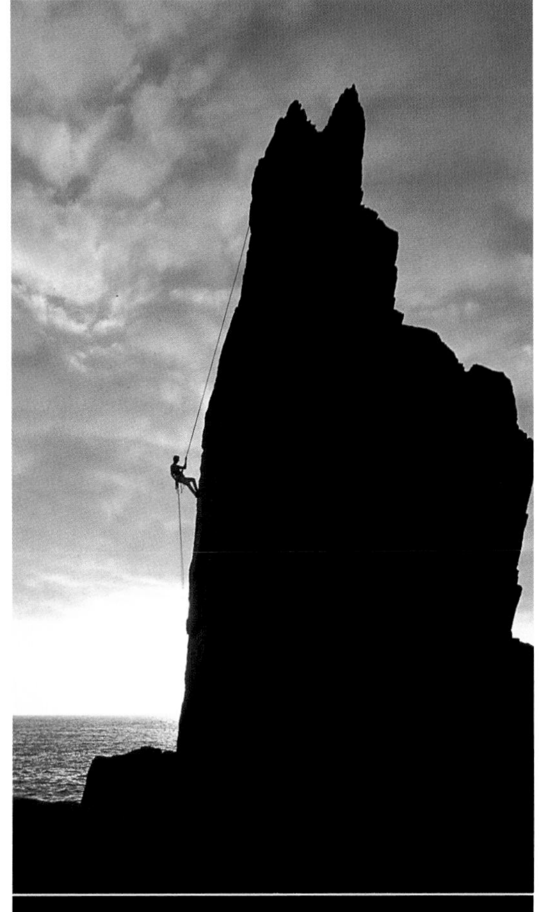

（冒險活動如繞繩下崖(Abseiling)，是需要倚賴單一繩索、金屬扣環，或必須完全集中精神的冒險活動。）

### 重要訊息

■**行程規劃**：把旅行時的規劃日期，包括有預計的啓程及回程時間表、參加人員名冊及聯絡細節交付給你所信任的人。特別是那些偏遠地區、荒野及海上的行程。

如果你們無法如期完成旅行，被托付行程細節的人，應立即被告知需要採取相關的應變行動。

■**路線規劃**：如果你想進行一趟私人飛行航程，留下一份路線規劃給你的急難聯絡人或森林管理、高山救援、港務長、海岸防衛和航管人員。

■**緊急逃生路線**：如果你想計劃長時程的山岳或河流旅行，規劃幾條求生逃生路線在你的路線卡上，並留下一份副本給你的急難聯絡人，這可使救援人員縮小搜索範圍。

■**人員重新編組的規劃**：針對偏遠地區的旅程，做明確的行前及每日甚至是每一小時的重組團員規劃，或為因應萬一有失蹤的人員重新編組規劃。

## 領導者

在嚴酷的求生處境中，一個有堅定意志和老練的領導者是不可缺少的，特別是災難剛發生的階段。當意志消沉、絕望、魯莽及困惑已佔據身心時，更迫切需要一個可以勝任的領導者出來領導大家。

### 理想的領導者

- 表現出自信及樂觀的態度，即使他/她並不是真的感覺如此。
- 對團隊及各人的需求具有敏感度，但須有能力執行補給品的定量控管。包括空間、衣物及裝備的分配；醫療的優先次序和任務的分配。
- 當在做重要的決定時須與團隊協商，以免有人覺得被遺漏或遺棄。
- 當必須做最後的決定時，一定要有彈性及適應當時的環境，而不是表現出不確定性。
- 當有人具備更多的醫療知識時，必須要有交出領導權的準備。

## 心理準備

你的理智是求生最有力的工具。那些能單獨面對困境而存活的人，不一定是身體最強壯的，或是有足夠裝備的人。一個生還者須具備的要素是：他的心理必須準備就緒來處理突如其來的挑戰。

許多的記錄記載了令人難以置信的災難倖存者的英勇事跡－有些人經歷過75天沒有任何食物的生活；一個星期沒有任何飲水；24小時身處於極冷的天候狀況中；或置身於慘烈熾熱的陽光下。儘管如此，也有不少例子告訴我們，有些團員們選擇直接放棄，而讓死亡擊垮他們。因此那些存活者的共同要素就是具有不可動搖的樂觀，這通常是與具有很強的信念或明確的生存目地有關，如伴侶、小孩或父母親。把信念專注於這些因素而不讓厄運毀滅自己，他們就能成功的提高自己及其他人的存活機會。

確切來說，生與死之間的不同通常在於理智。你必須要和疑慮奮鬥，才能抵抗“我永遠無法成功”的意念，把焦點轉移到其它生存者的故事上。他們可以做到，你一樣也可以！

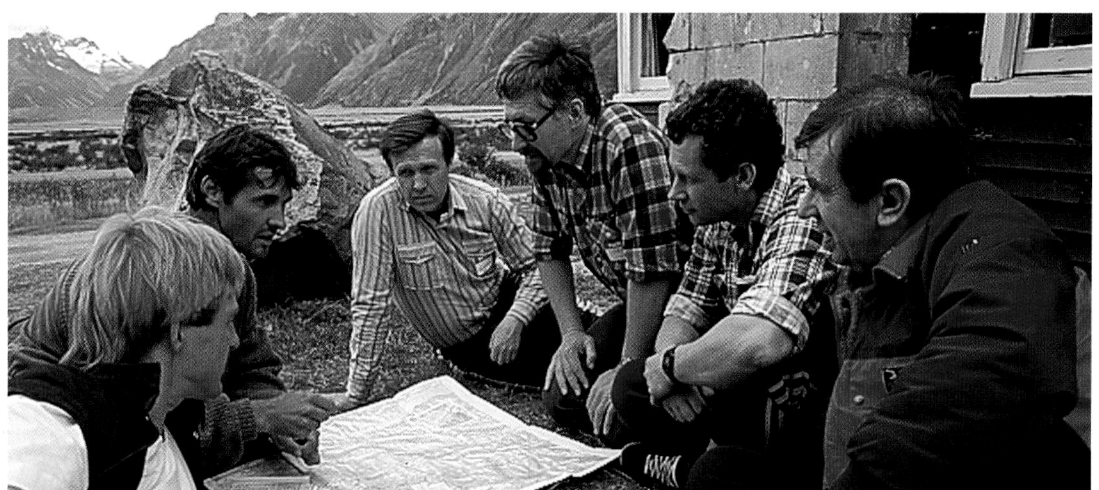

一個有智慧的領導者會讓全體組員更有規劃，即使他們在荒野中發生嚴酷的狀況，也能讓問題變得簡單化。如果每一位團員皆能參與重要的決策，這使得困難的決議較容易爲大家所接受。

## 體能準備

或許體能的準備並不最重要的生存要素，但要挑戰嚴酷的戶外環境又沒有可勝任的體能是一種近白癡的行為，人們總是得冒著生命危險來營救陷於困境中的虛弱者。另外，要確定基本的健康因素已在長途旅遊前處理好－牙齒問題、任何令人不安的疼痛、肌肉扭傷或韌帶受傷。如有需要，在行前接受所有必要的預防接種；購買預防瘧疾的藥和必備藥物。其它實質的準備包括適當的運動－有氧運動、舉重、跑步、腳踏車、划船。最好請顧問設計適當的健身訓練課程。

許多活動需要特定的技能。如海洋獨木舟(sea kayaking)需要專門技術應對波浪及海流；想要成功橫越沙漠可能得參加四輪傳動(4x4)的越野駕車及車輛保養課程。如果你在風雨交加的山中進行登山探險活動，卻對於打登山結非常不熟練，可是非常危險的。

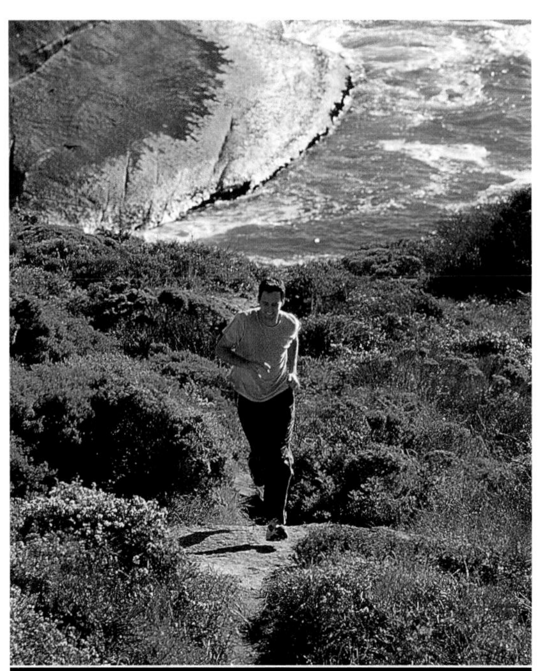

當你徒步冒險進入荒野，好的體能可增加你求生的機會。

不要吝於詢問專家的指導及意見。在你駕車進入荒野之前，檢查車況機械是否良好；有沒有備胎；是否有所需的工具做較輕微的維修，千斤頂、雪鏈及鏟子(用於冰冷的狀況下)；是否有備用燃料、食物及飲水。在冰冷的區域中長途駕車，必須確定車上有保暖的衣物，當我們身陷暴風雪中冷氣及暖氣幾乎是不用的。駕車橫越沙漠時，記得攜帶足夠的飲水。

假設你可能會在車上過夜，需因應此狀況打包所需之物。

至於船，以同樣的程序做準備，包括救生衣和救生筏、信號彈、收音機、緊急補給品及適於航行的一般用品。

## 選擇有冒險活動經驗的嚮導

嚮導有許多是沒有瑕疵記錄及擁有安全操作程序技能的，若是缺乏經驗者會把整個團隊帶進危險之中。有很多的死亡及災難原因是由於嚮導的誤判。因此在你考慮採用冒險活動的嚮導之前，最好先做一點功課或是詢問有過相同冒險之旅的人。

## 求生的技巧

搭建救難所、尋找食物、在困難及不熟悉的環境中搭設陷阱及行進皆需要練習。在一個求生的情境中，你可能想要熟練的使用這些技能而不是第一次被迫使用它們。

規劃一個家庭、運動俱樂部或童軍隊的週末求生訓練活動，完成生火、搭建救難所、導航訓練及簡單的補魚、食物採集，可使健行之旅更加有生氣，或讓你的森林之旅安全又有趣。

必須要不斷的注意你的所在位置及周遭環境，不要僅依賴團隊領導及嚮導來前進，還可經由詢問和利用地圖來顯示每次所在的位置。

在腦中把河流、湖泊、道路及建築物的形狀記錄下來，注意陸地所在的位置及你可以用來避難的洞穴、窪地等。機警的好處是能夠幫你面對隨時出現的困境。

## 求生技巧的關鍵

STOP (S=Sit 坐下， T=Think 思考， O=Observe 觀察， P=Plan 規劃)

停下來為此困境及團隊的資源做評估，及在行動之前檢視必要的選擇。每一種求生狀況都是獨特的：新的人員結合、特殊的狀況及不同數量的裝備。所有的一切皆須在採取行動路線決定之前經過完善的評估。

## 政局不穩的地區

世界上有許多地區會突然遭到政治及宗教動亂變革與戰爭，這對冒險之旅的旅人只有短時間的事先預警。

如果已面臨到有敵意的舉動，必須非常小心，因為危險份子通常都有武器裝備或喜好亂開槍。因此要十分注意自己的反應，避免大動作的肢體活動，特別是將手伸進提袋、觸摸你的車輛或衣袋，這些看起來像是企圖要拿取武器的動作。

避免用挑釁的眼光接觸對方及任何形式的口頭爭執或對抗。絕不要大聲呼喊或用手勢交談，保持冷靜及友善。抑制你的不耐及惱怒，記住是誰持有槍枝！保持安靜及恭敬的態度，即使他們的要求是不合理的。做出順服的姿態，例如把手放在前面，手掌向外低下頭來。把奉獻的錢裝進袋中並放到易取的地方。而主要的錢財及旅行文件須藏於你衣內的口袋中。

不要穿戴昂貴的衣著或珠寶手飾；攜帶昂貴的照相機及手錶。

這些東西在貧窮國家可能比一般人民一生的所得還多。如果有人決定要強取你的財物，把它們交出去吧！生命應是最優先的考量。

職位低的邊界駐紮崗哨或部隊軍士喜好拖延，如果你露出不耐的情緒，他們可能會沒收你的貨物或者拘禁你。

不要拍攝像是軍事設施，政府建築物或保安人員等人、事、物。

確保所有標示完全的合法藥物皆存放妥當。絕不要攜帶毒品，最好能避免攜帶酒類，特別是要進入回教國家。尊重當地的服裝、文化或宗教教條的規範(如戴頭巾、婦女不可穿著暴露衣物及不可於公開場合喝酒。)

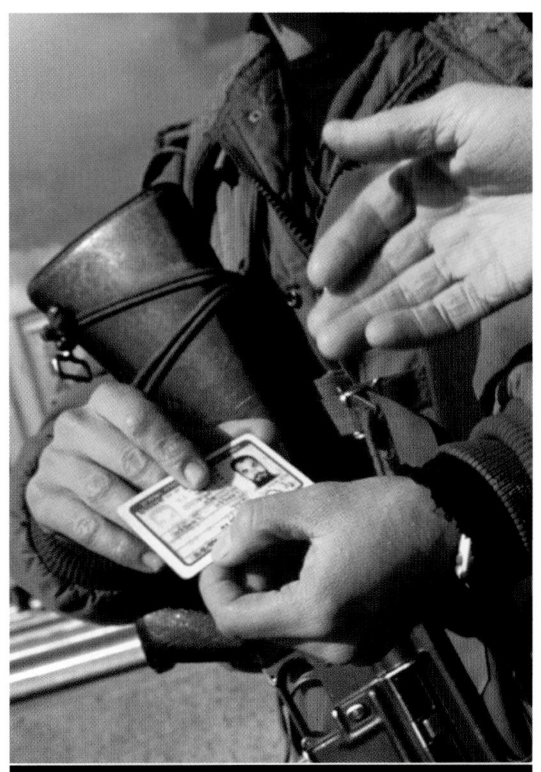

身處於政治關係緊張的地區，保持冷靜的態度是很重要的。

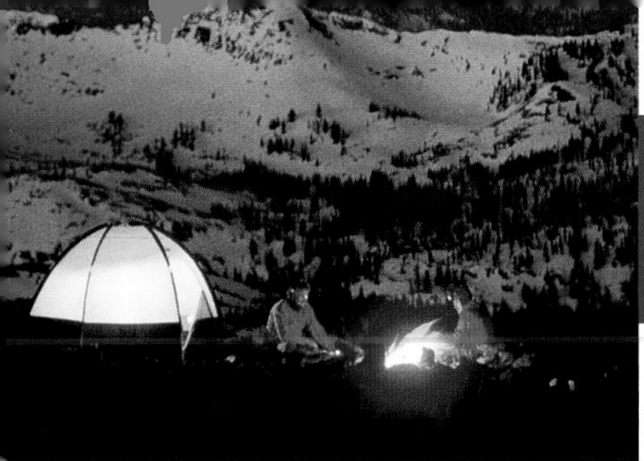

# 野外求生的裝備

做好萬全的準備，尤其是基本的求生配備，才能減少意外發生時所面臨的衝擊。但如何從眾多的裝備中選出最佳的配備呢？仔細研究是很重要的，想像自己在極度困難的狀況下求生存時，所需要用到的種種裝備。因此你需要花一些時間從各處取得詳細的資料。這些資料的來源包括：

■有經驗的裝備銷售員（但小心他是在推銷產品）
■網路
■戶外書籍及雜誌
■有類似裝備的朋友

確定你知道該如何正確的使用所需的裝備（例如購買的絨毛睡袋，能夠抵禦-30˚C(-22˚F)的惡劣氣候，但如果是策劃夏天的旅遊行程，就沒有這個必要。）列出一張適合的產品、價格、性能特性及雜誌的戶外裝備評論，具備這些知識後再做合理的採購。

雖然一般人的觀念總是“價格＝品質”，不過幸運的是，並不一定常常是這樣。

## 孩童的設備

許多父母最後決定幫小孩購買較差的裝備，原因是：“他們很快就長大了”，這樣的想法是很不正確的。

災難有時會因一件小疏失而發生，例如文後所收錄的的低溫案例（見Pg78-79），甚至靴子掉落或背包斷裂都可能延誤到整個團隊的行程，並且導致極度困難的救援局面（大筆的救援與住院費用，或是人員受傷等令人傷心的事。）因此建議小孩的裝備也儘量採買最好的，之後也可以把用過的裝備賣掉或與其他人交換。

**右圖　依你要進行的活動，把適合的衣物類型列入行前計劃的考量，千萬不要低估天候狀況。**

## 小孩的求生急救包

可利用腰包做為小孩的求生急救包，當在荒野中，讓小孩全程配帶。教導你的小孩如何、何時以及為何要使用每一項工具。

包括：

**水壺**：只在非常渴的狀況下使用，最好與腰包掛在一起。

**哨子**：塑膠製，緊急狀況時使用。

**太空毯**（space blanket）：用於避難所，但要小心在打開時很容易扯破。

**一、兩支螢光棒**：能維持12小時，為了安全及夜晚照明之用。

**色彩鮮明的圍巾**：紅的或橙色的，可作成旗幟、頭巾或包紮用。

**信號鏡子**：金屬或硬的塑膠，可用於打信號給救援團隊或飛機。

**點心**：糖果、巧克力，緊急時的備用。

**小型醫療急救包**：膏藥、繃帶。

**行動卡片**：一面是寫上以上各項細節，另一面寫上小孩及你的名字，再加上一些聯絡號碼。

**家庭照片**：家庭成員的照片可以提供心理上的撫慰。

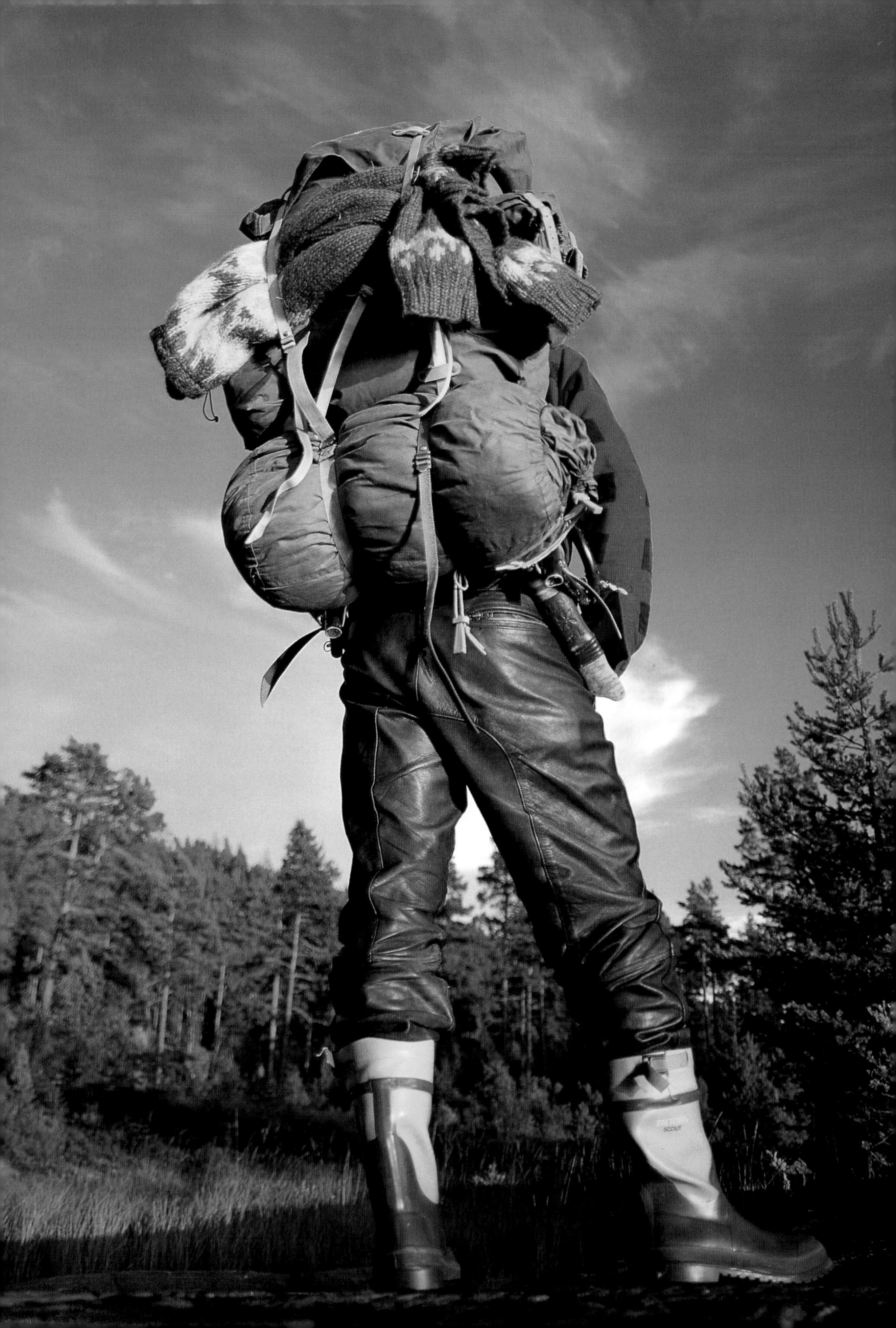

## 孩童的求生技能

■帶小孩到野外是件不錯的事，但要做好萬全的準備。幼小的孩童很容易從父母身邊走失，因此得教他們學會必要的求生技能，如果走失的話，他們才能夠做出正確的反應。

■**待在一起**：如果你和一、兩位朋友一起走失，千萬不要分開。

■**停止移動**：當你發現自己已經走失或獨自一人時，不妨找棵樹、屋子或堡壘中坐下來(讓你的父母或搜救人員可以比較容易找到你)。

■**幫你的避難處作記號**：使用鮮明的衣物（如急救包裡的圍巾）綁在樹枝或岩石上。

■**遮蓋你自己**：如果天氣寒冷或溼冷，別忘了用太空毯蓋住自己。

■**吹哨子**：每幾分鐘吹三聲，然後聽一聽有沒有回應。

■當你看到或聽到附近有搜救人員、飛機或車輛，立刻到空地上做記號或揮舞你的手臂及吹哨子。

■**食物與飲水**：為保持補給品的充足，若非緊急狀況，最好儘量減少飲食。

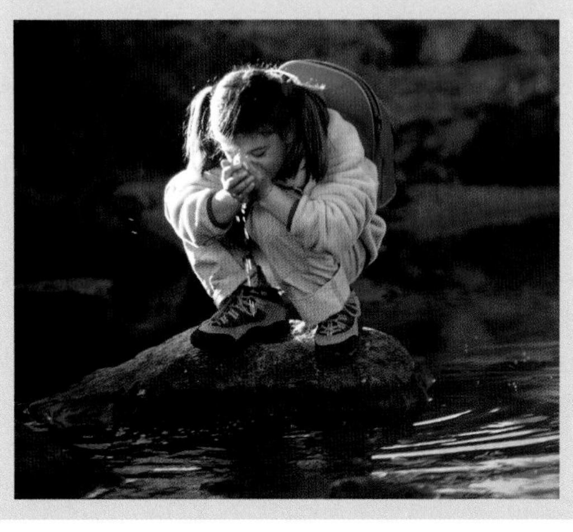

# 適當的規劃

每一趟旅行皆是獨一無二的經驗。列出一張裝備單，用來檢查裝備是否齊全，以免在整理行李時有所疏失或遺漏。

## 一天的短程旅遊

### 個人裝備背包

■適合一天的裝備背包有：雨衣、一個哨子、水壺、一些食物和一件保暖衣物及長褲。

■額外的裝備包括一個小的急救包、一個大的救生袋或太空毯、緊急備用食物及在寒冷的天候下戴的巴拉克拉法帽(balaclava)、手套及額外的襪子。

### 團隊裝備背包

■一份地圖及指北針或是全球衛星定位系統(GPS)(見Pg17)、一個醫療急救包、一支火把及一些備用食物。

■額外的團隊裝備包括急救包(見Pg18-19)，及寒冷的天候狀況下必備的小爐子、燃料、一個鍋子、馬克杯、火柴及一些即沖湯包。

## 多日短程旅遊

### 多日個人裝備背包

裝備須與天候及地勢有關，依最嚴重的狀況來準備。

### 靴子

用心選擇有品質、尺寸合腳的靴子。你的雙腳是決定此次健行樂趣及安全的重要部份。不要向靴子妥協！在你穿過它們走一走之後才決定買它們。你的腳會在健行之中腫漲起來，因此得確保這雙靴子能在你穿了兩雙襪子後，依然感到舒適且自在的。

# 多日旅遊的必需裝備

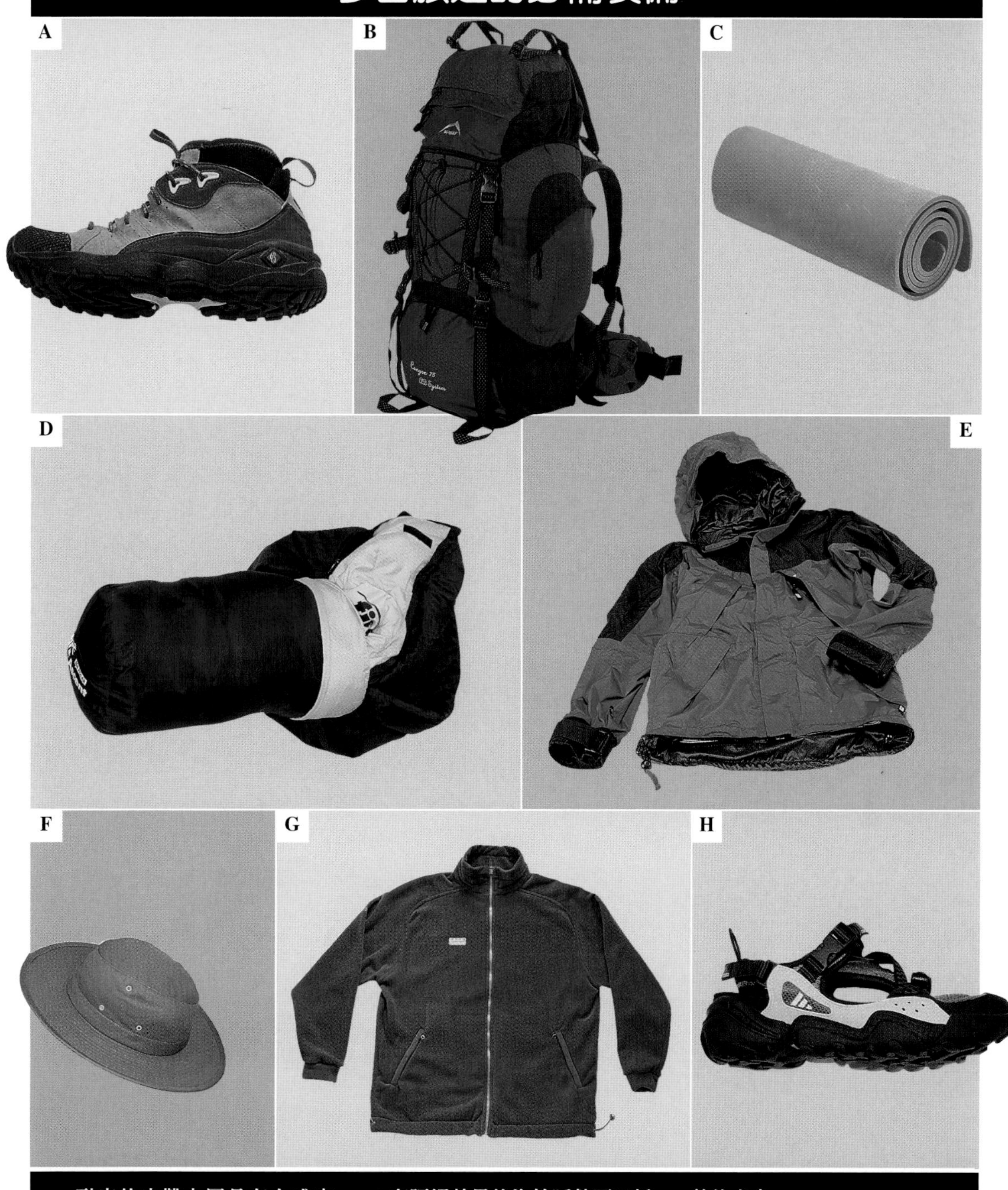


A 耐穿的皮靴上層是有合成皮的透氣孔及用塑膠包覆的鞋頭

B 有帶子的背包，可用來掛其它額外的裝備，網狀口袋，主袋及可移動的日常裝備包

C 有隔絕效果的泡棉睡墊可以抵禦由地面透出的寒氣

D 附有肩墊領口及拉繩的睡袋保暖

E 有外防風層、輕省、透氣及快乾的夾克

F 有帽緣的卡其帽

G 可保護頸子的高領羊毛上衣

H 有抓地力且透氣的膠底涼鞋

測試靴子是否合腳時，裏層先穿一雙薄的襪子，外面再穿一雙較有彈性的，最好是平常穿的襪子(品質好的)。一雙起水泡的疼痛雙腳和壞掉的靴子可能導致災難的到來。最好在出發前先穿一穿靴子，並且使用軟化及防水護鞋劑來保養皮靴。多帶一些額外的襪子和鞋帶，可在中途替換用。

## 背包

背包需符合你的體型，且能裝下所有的必需品及更多的裝備，要背起來舒適耐用。它必須有好的緩衝墊，用臂部的帶子穩穩的繫緊，以穩定及支撐你的背包、減輕你肩膀的負擔。避免給小孩準備過大的背包（整個背包的重量不能超過體重的1/4到1/3）。

## 睡袋

依你所預期的狀況準備背包－它必須是輕便但有保暖效果的。絨毛睡袋是最輕、也最保暖的，但是在潮溼的環境中卻效果不佳；合成纖維體積較大也較重，但其防水效果也較好；孩童專用的"短"睡袋在許多商店中皆有販售。

## 具隔絕性睡墊

輕薄的睡墊除了提供舒適的睡眠品質，最重要的是能隔絕地面的溼氣及寒氣。簡單展開式的泡綿Karrimat®睡墊可滿足及提供所需，然而，專業可充氣的睡墊卻提供更舒適及更佳的寒氣隔絕較果。

## 雨衣

一件好的雨衣不僅可防雨水，也可保暖及防風。應選擇一件附帽子及拉繩的、長度及膝且活動自如的雨衣。高品質的雨衣是由可透氣的纖維製成的，因為它可以排汗，讓你保持乾爽，這是一般標準塑膠雨衣做不到的。斗篷式雨衣（poncho）是很好的選擇。

## 其它必要裝備

每一位成員也需要有下列裝備：

**頭燈**：小型但很亮的頭燈，還要有備用的電池及燈泡。確定頭燈不會在你的背包中意外的被開啓。

**水壺**：即便在有飲水的區域，也要帶一整壺的飲水。如果不能確定是否為飲用水，在飲用前可能要先經過淨化。

**保暖的衣物**：小心多變的天氣。運動長褲、保暖的上衣及健行者常備的防風頭套(bal-achava 巴拉克拉法帽)，再加上一些額外的裝備－手套、換洗衣物和襪子。

**其它**：馬克杯、碗、刀器、衛生用具、個人藥品，加上個人急救包（見Pg18）。

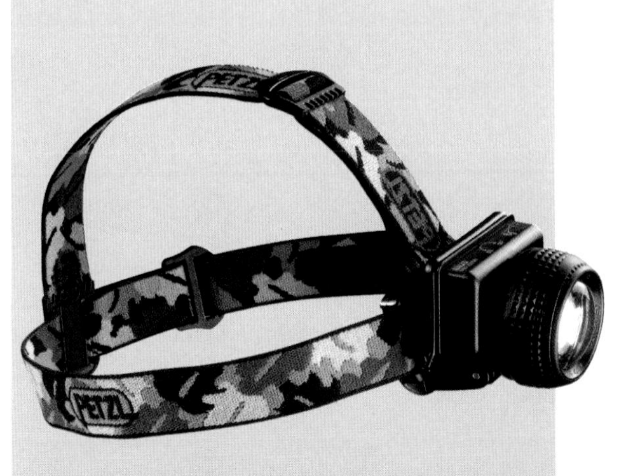


選擇頭燈時，固定的頭帶一定要讓你戴起來感到舒適，還有高亮度且壽命長的燈泡。可選擇的是鎢絲、鹵素或LED燈泡。

## 團隊裝備用品

團隊的裝備須足夠所有團員使用：

### 帳篷

經費及用途是選擇帳篷的主要考量。一個高品質的帳篷是有雙層布料及質料輕便的，還要有地面布墊、鋁柱及品質好的拉鍊。

### 指北針

較好的指北針是有背光表盤（如西維氏式指北針）。全球衛星定位系統(GPS)是一種昂貴但非常有用的導引裝置。

### 地圖

一份放在防水袋中的可靠地圖(1:50,000的比率或更精密的高線地型圖)。

### 爐具及燃料

見Pg67。記住爐具及燃料要適合你的鍋子。

### 飲水及食物

食物要輕但營養豐富，要有充足的份量給緊急事件發生時食用。準備飲水淨化藥片及過濾飲水，飲用前先淨化水（極少有水源是不受到污染的）。許多新型的過濾器也很有效(見Pg55)。

### 醫療急救包

膠布條、繃帶、消毒藥膏、剪刀、鑷子、乳膠手套及一些基本藥品(見Pg42)。

### 撲克牌

長時間的等待會令人神經緊張，讓團隊感到壓力。而遊戲可以幫助人冷靜，特別是對小孩子，它可以轉移他們的注意力。

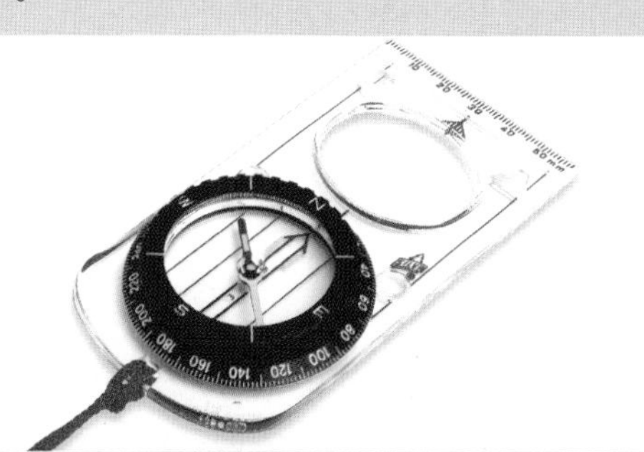

西維式指北針：最好的一種

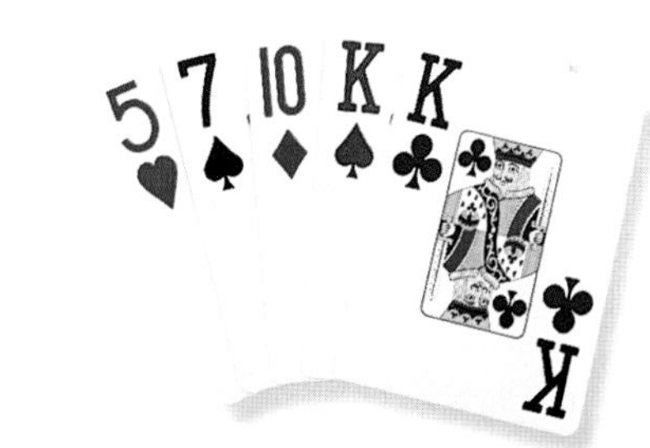


幫助轉移注意力的一副牌

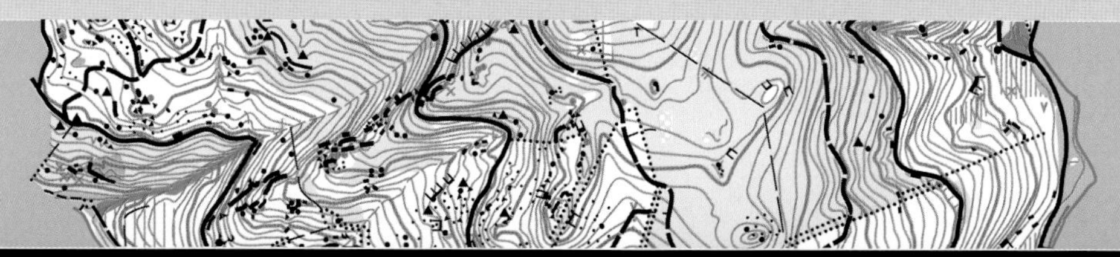

A 1：50,000 比率地圖

## 求生裝備包(Survival Kits)

### 個人裝備

小型的求生裝備應可裝進一個小鐵罐或防水盒中，這樣也比較容易收藏在口袋或背包小口袋中。許多獵人、漁夫也喜歡把這些裝備放進多口袋的漁夫（或攝影師）背心中。

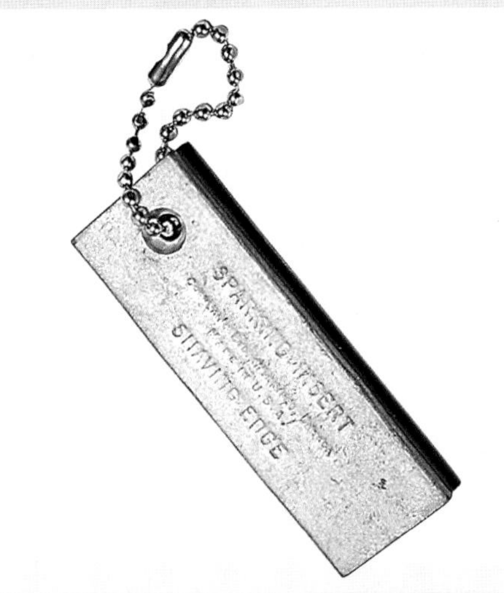

從鎂塊刮下的碎片很容易點燃

#### 一定要有的裝備

■**哨子**：哨子的聲音可以引起搜救者的注意。但避免使用金屬的，在冰冷的天氣中它會凍傷你的嘴唇。

■**太空毯**：輕巧，上了鋁箔塗料。

■**防水火柴**：火柴購買一般的就好，但要塗上透明指甲油或蠟。

#### 也可以考慮的裝備

■**鈕釦型指北針**：一定要夜光型的，還要定期檢查是否生鏽。

■**打火石**：附上鎂塊。

■**蠟燭**：照明或是生火用的。

■**針線包**：修補衣物用，也可用來移除小碎片。

■**安全別針**：用來繫緊固定材料，同樣也可用來做魚鉤。

■**塑膠袋**：需要強度高的，也可以提水或裝水。

■**魚鉤**：適合釣小到中型的魚（例如5號魚鉤），像豆子大小的鉛墜。

■**細金屬線**：如黃銅線，用於陷阱及修補鞋子用。

■**伸縮鋸子**：塗上油，放在塑膠袋中，用來鋸大的樹枝是很好用。

■**放大鏡**：用來點燃火把。

■**口袋型刀子**：如小瑞士刀。

#### 小型醫療急救包

這個急救包必須清楚標明基本藥品及藥片（定期檢查是否過期），並且包在塑膠袋中。

■**止痛藥**：如解熱鎮痛藥及止咳糖漿。

■**止瀉藥**：治療腹瀉的藥物。

■**抗組織胺**（Antihistamine）：蚊蟲叮咬，過敏用等等。

■**乳膠手套**：給急救員穿戴，避免被病人感染。

■**傷口縫線**：可把傷口縫合在一起。

■**膠布條**：最好有各種尺寸且能防水。

■**手術刀片**：用來切去死皮及其它多用途。

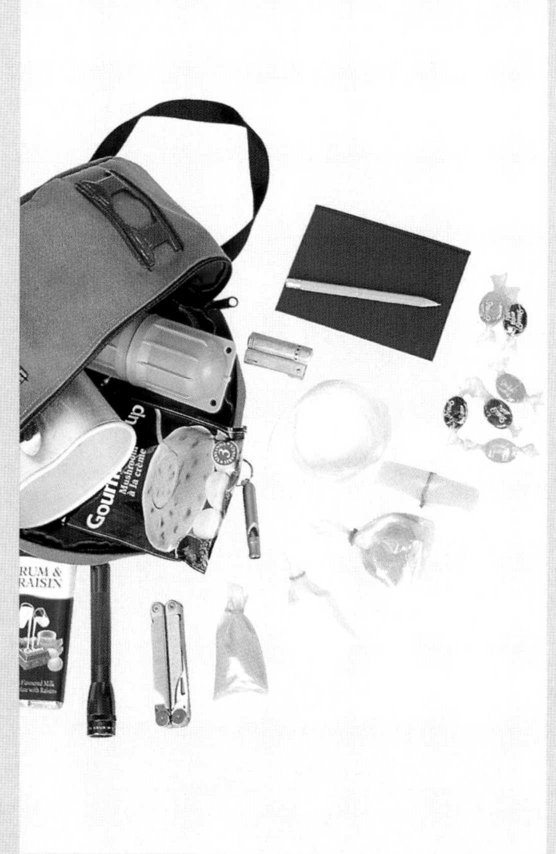


## 團隊裝備

求生裝備包須是一個小型、防水及以堅固的材料做成的袋子。這個求生裝備包必須可以很容易的移近車輛、飛機、獨木舟或健行背包。

### 一定要有的裝備

- ■**雜物罐**：作為保護物品用。例如可收起手把的不鏽鋼或鋁鍋。如果抛光，還可以用來做鏡子。
- ■**小型刀子**：多刀柄的瑞士刀是不錯的選擇，或是連鉗子都包括的多用途工具。
- ■**固態燃料片**：和可以摺疊的爐具或防燙墊包在一起; 也可用來當打火機。
- ■**手電筒**：小型的，再帶一些備用電池及燈泡。新的小型LED（發光二極體）使用兩顆小電池可以提供100小時以上的使用時間。
- ■**食物**：一小袋的茶、一些糖、奶精及即食湯包。

### 也可以考慮的裝備

- ■**結實的太空毯**：有強化尼龍支撐的保溫鋁箔層（紅色是用於打信號的好顏色）
- ■**小的熱燄信號彈**：特別是出海或到偏遠區域，至少帶一個，把它放在防水容器中。記得檢查是否過期。
- ■**小型打火機**：在風大的溼冷天比火柴好用。定期的替換打火機因為它們很容易生鏽及漏氣。
- ■**吸管大小的薄塑膠管**：（18英吋）長，用來取水或當止血帶使用。
- ■**能量補給**：巧克力或不同的糖果。
- ■**塑膠袋**：在口袋裡放一些塑膠袋，可以用來當置物袋或求生救生袋。
- ■**筆記本及鉛筆**：用來畫地圖或用來留下訊息。

## 裝備用於－山岳地形

### 個人裝備包

每種不同的環境皆有其獨特的需求。把用於高山或寒冷地區的裝備裝入你的登山裝備包中：

- **冰斧**：可用於斜坡上的輔助工具。把它緊繫在腰帶或較堅硬的地方。
- **滑雪杖**：用於稍微上坡或下坡的鋁合金滑雪杖，比冰斧更好用，它會幫你分擔膝蓋的壓力。
- **暖和的羊毛衣**：穿衣的層次準則（見Pg50）。
- **防風頭套(balaclava巴拉克拉法帽)**：防止體溫從頭部散發。
- **手套**：許多登山家會穿戴多雙手套－薄的為最內層，然後是厚的羊毛露指手套，最後載上防水手套。
- **綁腿**：由衣料或尼龍布料做成的，穿在靴子外防止雪或雨水浸濕靴子。
- **戶外吊帶長褲**：防風及防水的長褲或滑雪長褲(長褲掛有肩帶)，可以保持乾爽及保暖。
- **太陽眼鏡**：主要是用於保護眼睛隔絕UV陽光(雪盲症 )。

### 團隊裝備包

通常包括一條好的登山繩及一些鉤環，還有專門攀岩及攀冰的裝備。從事這些攀登活動，是要有專家指導陪伴的。

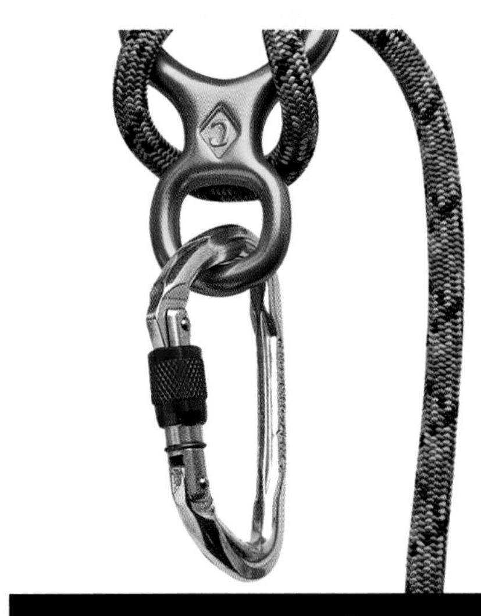

登山鉤環是主要的登山裝備

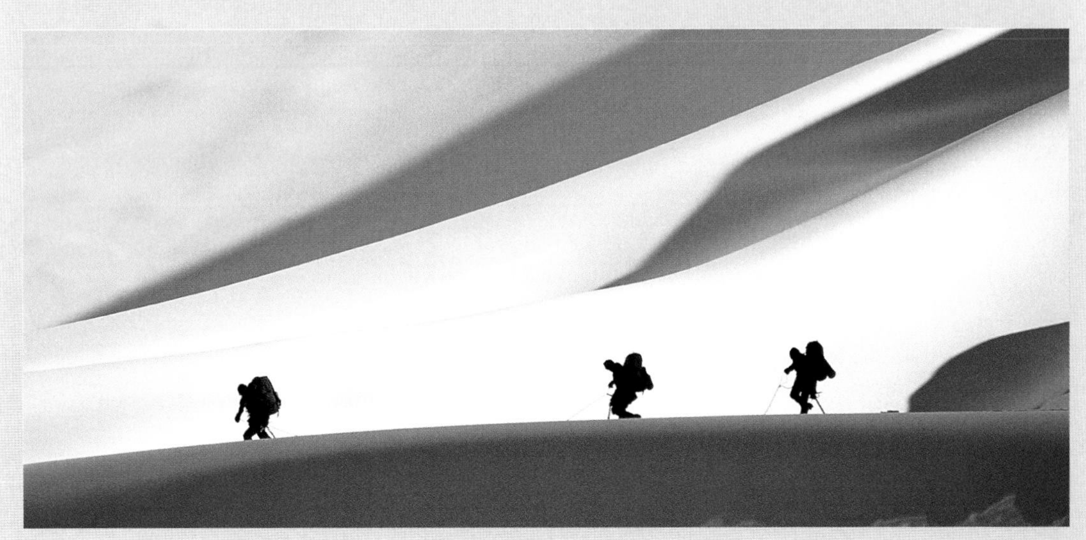

## 洞穴

### 個人裝備包

這些裝備最好用小型的耐用長背包攜帶。

■**衣物**：如果你打算爬行，不妨穿著工作服、耐用的長褲及長袖恤衫，還有好穿耐用的靴子或鞋子。由於洞穴一般來說不會太冷，在工作服之下，穿一件薄但暖和的衣物如聚乙烯布料的襯衣，是非常理想的。

■**頭盔**：可以保護頭部的強化硬式頭套或帽子。但避免戴寬帽緣的帽子，這會阻擋視線。

■**頭燈**：有頭燈的帽子，可以讓手空出來做其它的事。

■**備用手電筒**：小型LED（見Pg16）樣式是較理想。

■**電池及燈泡**：至少各帶一個備用電池及燈泡（最好有兩套備用的），及備用燈泡的線帶給燈泡頭及燈泡體用。

■**食物及飲水**：一些巧克力、能量補給棒及脫水乾果，並且確定你的水壺總是有滿滿一壺的飲水。

### 團隊裝備包

■**蠟燭及火柴**：可做為返路的記號或緊急照明用，離開時要把它們清理乾淨，因為那些東西可能會對自然洞穴造成破壞。

■**指北針、紙張和鉛筆**：當進入地下洞穴探險時，這些工具能幫助記錄回程的路線及方向。

■**繩索**：適當的靜力洞穴繩，它較一般登山繩更不易受電池化學性變化的影響，它可以用來保護洞穴探險者在中度斜坡攀爬或用來搬運裝備的。注意: 洞穴繩索是非常專業的專家常使用的。

■**堅固的細繩或尼龍線**：用這些繩索在複雜的地下洞穴中標記出路線，確定繩索安全無慮地綁在出發處然後在出洞穴時把繩索收起來。

■**醫療急救包**：這個基本醫療包應可以處理輕微的擦傷及刮傷。

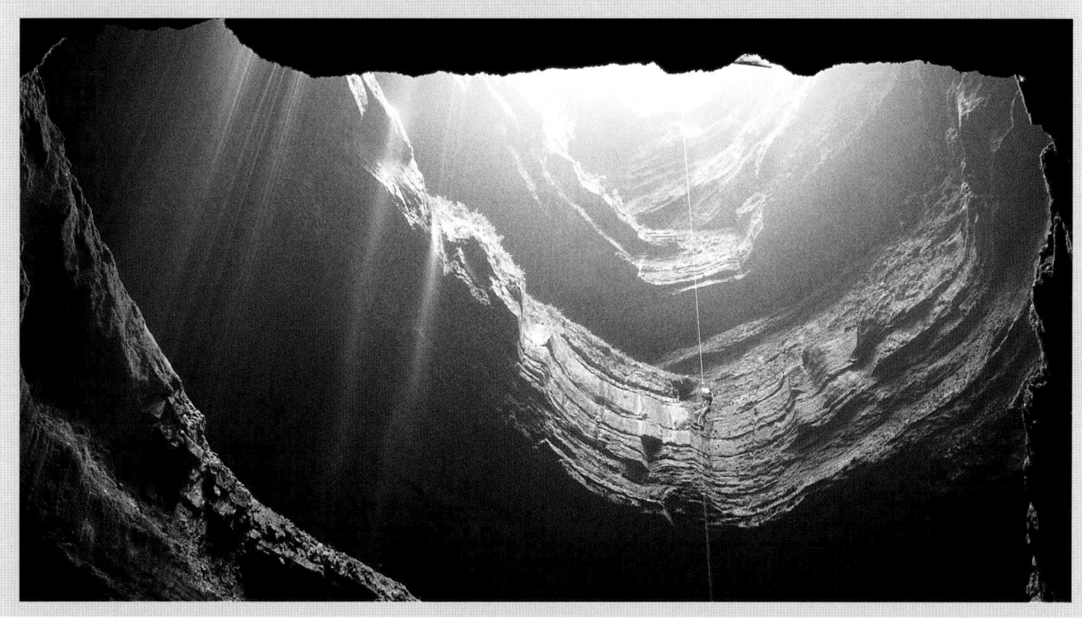

## 沙漠

### 個人裝備包

■**衣物**：輕薄的棉質衣物，寬鬆及淺色系能反射溫度；長袖及長褲可保護不被太陽曬傷。

■**T恤**：幫助皮膚吸汗及排汗。

■**帽子**：寬帽緣，有排氣孔的帽子。

■**太陽眼鏡**：選擇可以隔絕UVA及UVB輻射線及反射強光所造成的眼壓問題。

■**夾克**：一件可以保暖及防風的夾克是必要的，高溫的沙漠可於日落時溫度大幅度的降低。

■**防曬乳液**：防曬係數（SPF30）的防曬乳液。

### 團隊裝備包

■**額外的飲水**：在沙漠地區開車旅行（即便在路況好的地方）也必須攜帶足夠的緊急飲水。

■**塑膠棚及地上防潮布**：日間可以當遮陽棚，晚上則能用來保暖，也可用來收集植物釋放出的水蒸氣。

■**鏟子**：陷入沙中的求生工具。

■**車子備用品**：到偏遠地區旅遊必須帶的工具。如備胎、基本引擎備料、備份燃料，還有風扇皮帶、散熱器管、保險絲及其它的零件(如火星塞、指針、 及空氣壓縮機)。

■**食物**：攜帶至少三天的補給品。

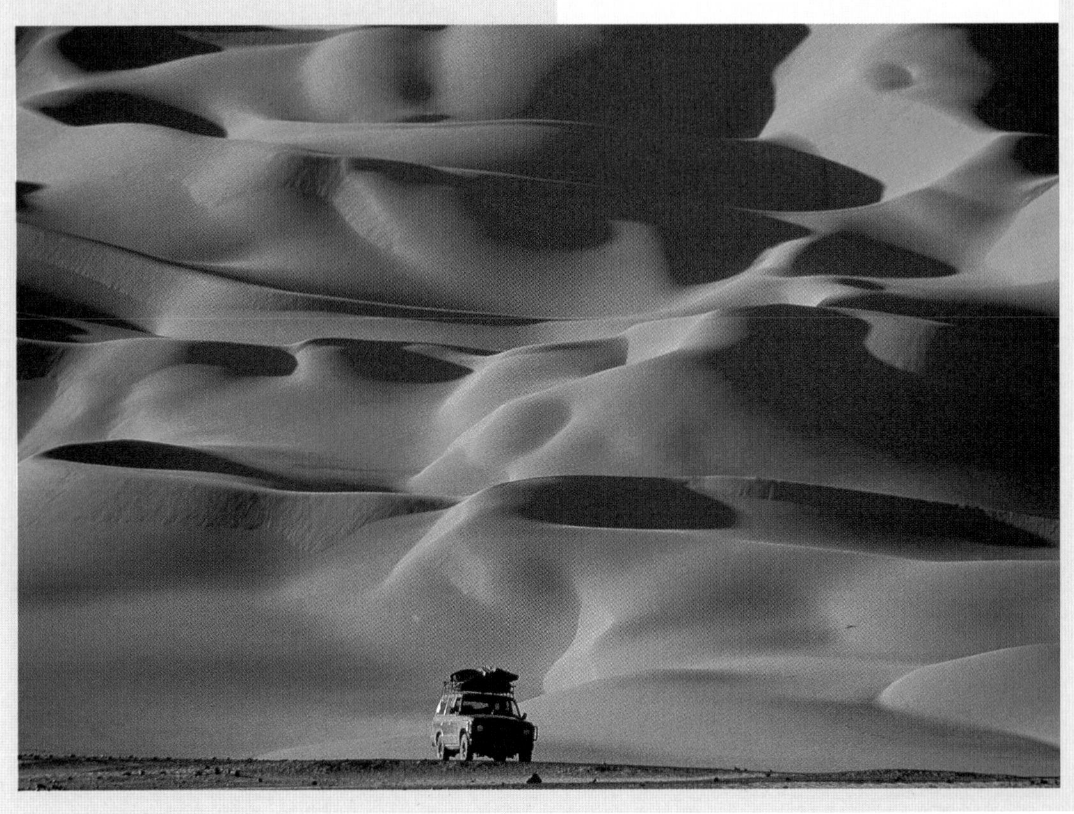

## 叢林及熱帶區域

### 個人裝備包

■**衣物**：主要是用於沙漠天候狀況下，越耐用的材質越好。

■**有細帶束褲管的長褲**：這種長褲可以阻止水蛭及其它爬蟲物爬進褲管（鬆緊帶也可以用）。

■**附防蚊帳的帽子**：很重要。可以在需要用時再掛上蚊帳(晚上或當休息時)。

■**驅蟲劑**：很重要。用於手、手臂及其它裸露的身體部位，要避開額頭及眼睛四周。

■**抗瘧疾藥**：在出國前先諮詢你的醫生及診所。

■**防蚊帳**：晚上時把它掛於床上面，這是最有效的防蚊方法。

### 團隊裝備包

■**醫藥急救包**：在熱帶地區，受傷的地方可能會迅速受到感染，因此任何傷口都要消毒並用防水包紮用品包起來。另外，用於腳部的抗黴菌藥膏也很重要。

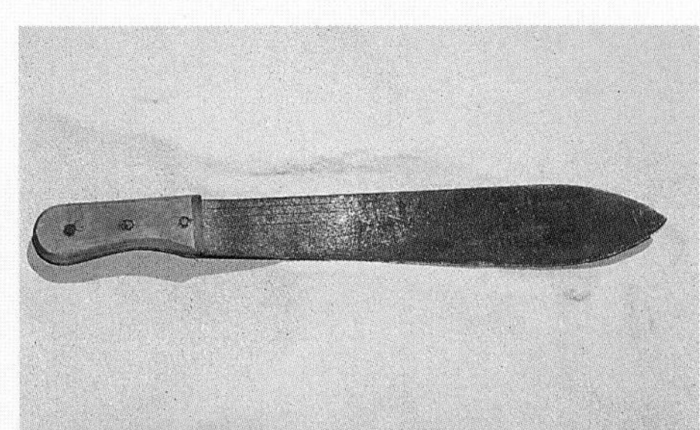

一把大砍刀(印地安人用的)或大刀在團隊裝備中也是很重要的－用來砍除植物非常好用。

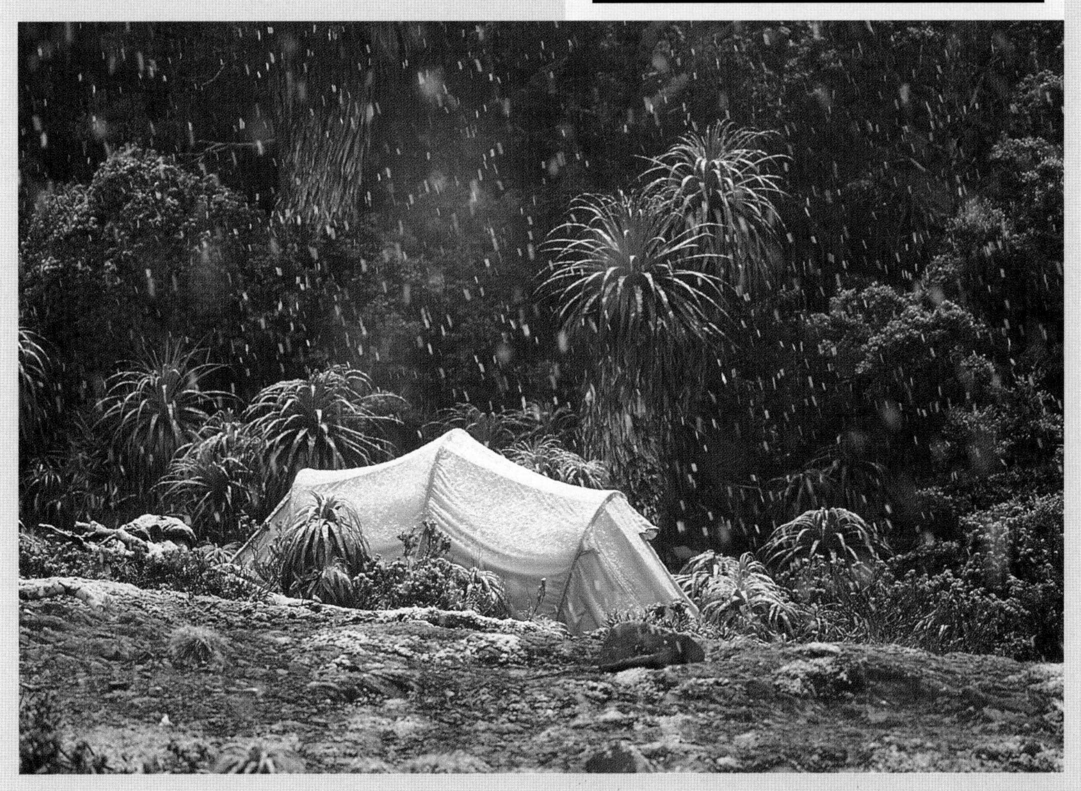

## 海上航行

依法航海的船隻必須要攜帶救生船（或在小船上放置救生衣）、收音機、火燄訊號彈及救援信標等基本救援用具及緊急裝備。

### 個人裝備包

- **保暖、防水的夾克**：在較長的海上航程中，寒冷可是會對生命造成嚴重的威脅。
- **救生衣**：所有的船員必須都備有一件，也應該知道如何使用它。
- **緊急閃光燈(Strobe Light)**：它很亮，體積也小，容易在夜晚中被發現，可以把它繫在救生衣上，依電池的大小及狀況，閃光約可以持續8－48小時，須定期檢查及更換電池。

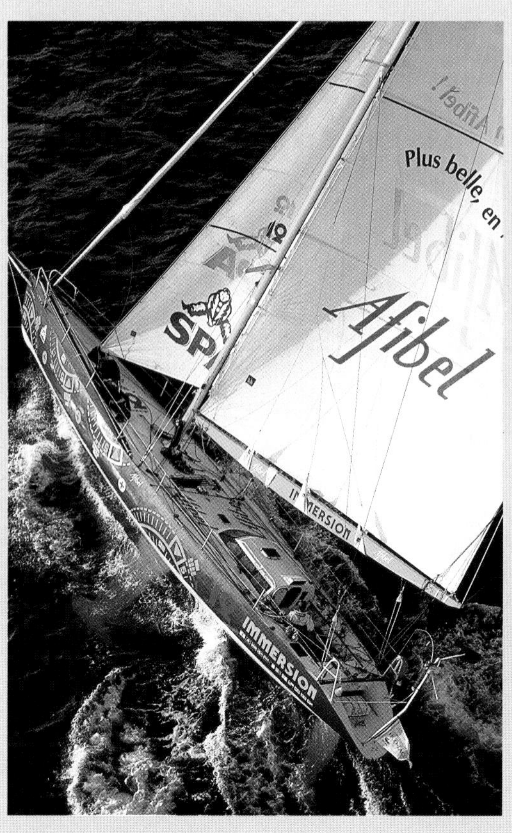


### 團隊裝備包

- **救生船**：這是最基本的救生裝備。救生船應該要用耐用的帆布或橡膠做成，要很平穩，而且容易把氣放掉。它必須要有足夠的容納空間，最好還有內建的遮蔽保護功能。
- **救生急救包**：（見Pg18-19）應放置在一個容易取得的地方。
- **火燄訊號彈**：在救援中為了增加被看到的機會，要有傘投訊號彈及紅色手持訊號彈，或煙霧訊號彈。記得檢查它們是否過期。
- **防水容器**：它可以用來裝置個人重要的裝備，以及口糧、防水火柴、地圖、訊號彈等。
- **船錨（海錨）**：可以掛在船的後方，讓船頭面向暴風雨及防止漂流。
- **魚叉及魚網**：用來抓魚的。當不使用時須用軟木塞或類似的材料來保護魚叉。
- **細繩**：強韌的尼龍線在海上救援中有很多用途。

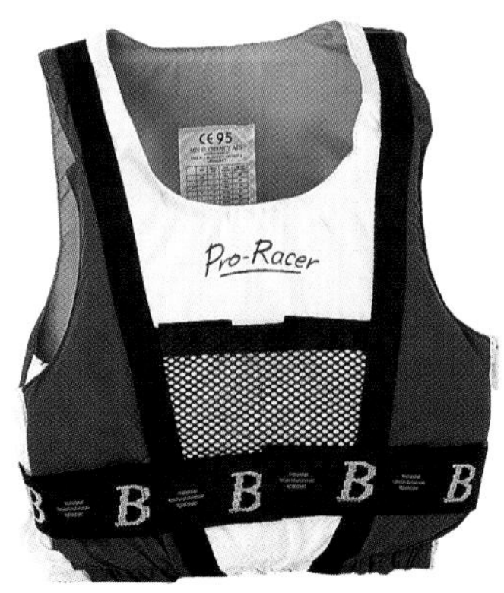


穿著救生衣是法定的。

# 基本工具的使用

## 你需要購買的工具

如果你要進入叢林或偏遠地區冒險，不妨把它們放在車內。

■**帶鞘短刀**：選擇一把握把很厚的刀子，因為即使塑膠或木製握把損壞了，刀子也依然可以用。一把繫上皮帶圈的短刀，握起來或用起來較安全。好品質的摺疊刀，也是非常好的選擇。

■**短刀、馬來巴冷刀、南美印地安大砍刀**：這些刀是刀子及斧頭的混合體，可以用來打獵、砍柴及清除擋在路中的植物。

■**斧頭**：在荒野樹林中這是最好用的工具，但要小心使用。

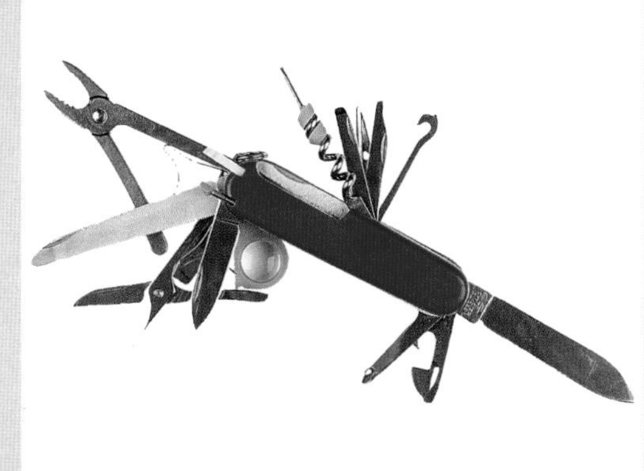

在荒野中，多用途、可摺疊的刀子是很便利的。

## 自製工具

工具可以由不同的材料，包含玻璃、金屬或車輛上耐用的塑膠零件而做成。建議工具如下，但最重要的是可以就地取材。

### 石器工具

就像史前人類製造石器一樣，用一個較小的石頭把一顆質地堅硬的石頭上的碎石片除掉。可以用質地硬的木柴或骨頭來清除碎石。做出來的工具可以用來當斧頭的頭、刀、刮刀或魚叉的頭。

質地很重、光滑的黑石－例如黑曜石或燧石是不錯的材料，可用來製造石器的工具。

### 木製工具

木製的魚叉是一種簡單又實用的工具或是武器。把尖端在火上用火烤然後冷卻，這樣重覆幾次，每根尖端都要輪流烤，這樣可以讓尖端較堅固。

### 玻璃做的刀

把玻璃的碎片用皮件或衣料包紮起來，可以用來清除魚或動物的內臟。把一個空玻璃瓶用一塊衣料包起來後敲碎，小心打開布，選擇一片較長及鋒利的邊當刀鋒，較厚的一邊則可當握把。把握把部分結實的包紮起來，以避免使用者被割傷。

### 竹子做的刀

竹刀用來獵殺小動物，或是挖取植物的根或球莖是很好用的。取竹子末端長一點的長度，削成較尖銳的角度。如果你沒有刀，把一根竹子繞過樹枝後用力折斷，將較尖銳的尖端在粗糙的表面上磨至銳利。

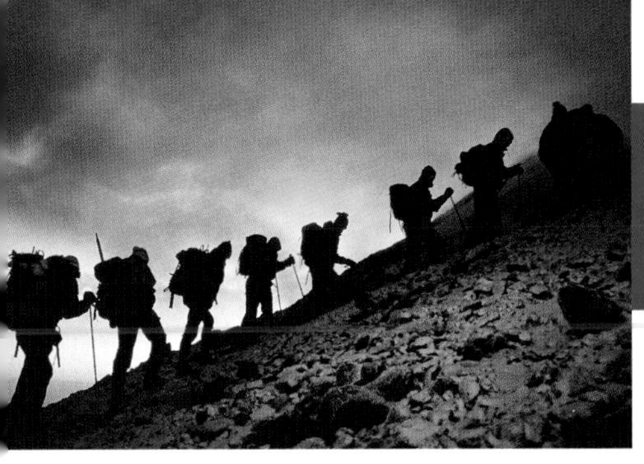

# 出發

處於災難狀況時，如果有迫切的原因不能留在災難現場，例如有一條清楚的逃生路線，或你確定你現在的位置不容易被救援人員發現，離開是最後一個可訴諸的方法。

## 離開還是留在原地?

在你決定離開還是留在原地之前，請考慮以下問題：

■如果有車子在現場，請考慮留在靠近它的地方，因為它比一群人或一個人更容易被發現。

■是否有任何人可能知道你的所在地？是否有任何人知道你計畫的路線？你是否會遠離你的旅行路線？

■你是否知道你的相關位置？是否靠近你原來的路線？或附近有哪些文明設施？你是否毫無目地的往前走？

■團隊的技能是否能應付將面對的地勢？這樣的移動是否是明智的？是否有潛在的風險？

■團隊內是否有受傷的團員？可否移動他們呢？移動他們簡單嗎？

■你有哪些食物、飲用水或設備？它們有多少天的存量？

■你或你的團隊是否有特別的需求呢？如藥品（糖尿病、高血壓等慢性病）。

■把團隊分開是可能的選擇嗎？差遣幾位團員求救，留下其他人是可行的嗎？

**相對的留在原地等待可能的救援或決定離開，以及讓任何團員冒生命的危險都是一個兩難的決定。**

### 留在原地的好處

■離開需要體力，留在原地可以讓食物多出幾天供應量。

■你可以把避難所弄得更堅固一點。

■這是已知的危險，在不熟悉的地形上活動可能讓你暴露於更大的危險之中。

■你可以計畫或使用訊號，例如煙霧來引起救援人員的注意。

■受傷、年長與生病的團員是不能處於壓力中，或在沒有體力時移動的。

### 離開的好處

■可能在其它地方更易取得好一點的避難所、食物及飲水。

■如果救援可能要等一些時候才會到，而資源又不足的情況下，此外還可能省掉一天救援的行程。

■如果持續紮營在一地，衛生及公共衛生可能會持續惡化。

■如果在高海拔的地方，為了團員們的健康必須下降到稍低一點的地方。

■採取行動離開可能在心理上對團員較好。

## 離開的準備（SETTING OUT）

確定你已經取走車子內可用的零件；確定所有團員知道所規劃的路線以免有人走失。給可能的救援者留下可以清楚找到的訊息標記，上面顯示你們行進的方向及啓程的時間。

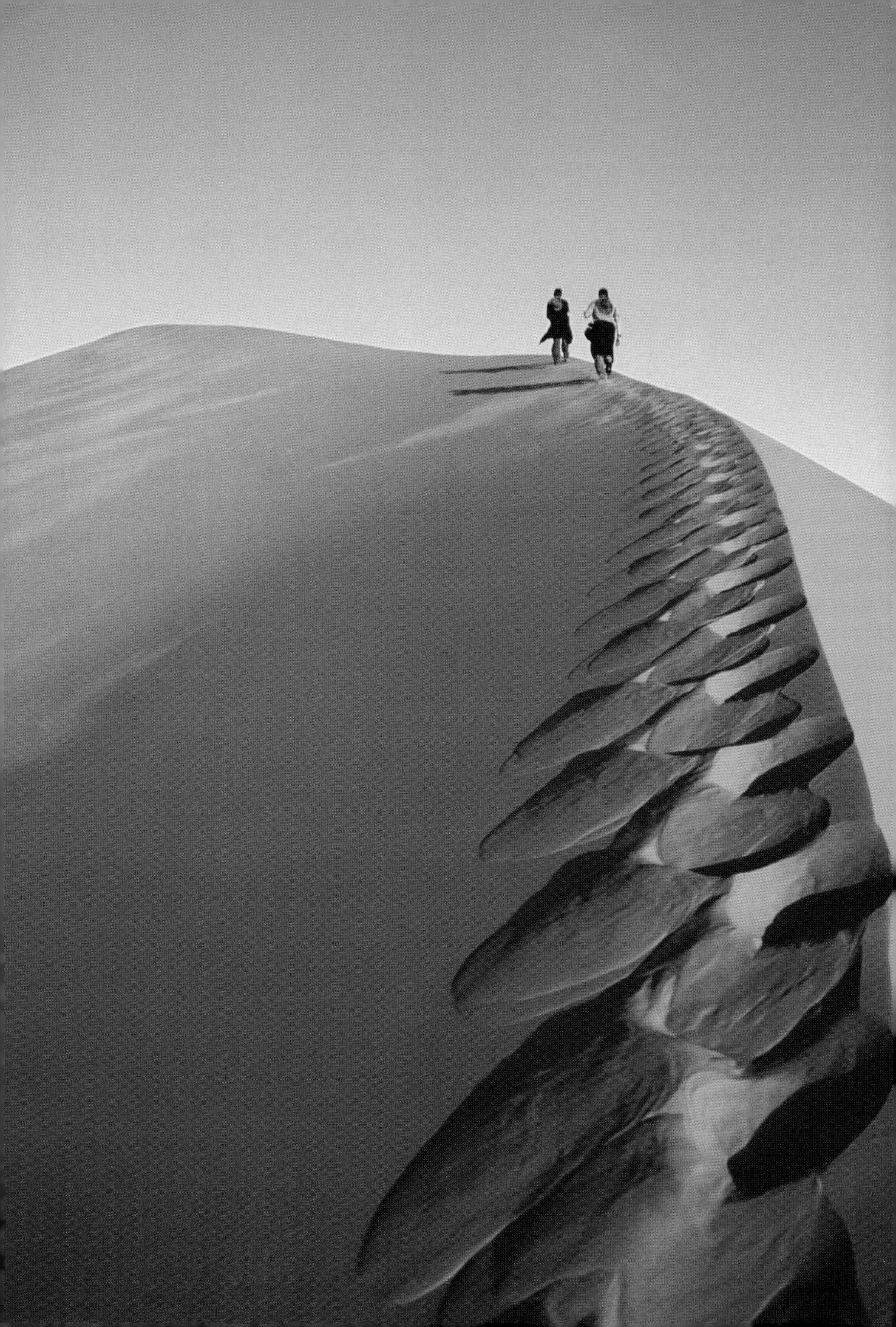

如果你沒有地圖，或是對自己身處何處一點線索也沒有，最好的選擇就是沿著河道行進。大部份的河流最後會匯流成湖泊或大海，而且臨近地區也很可能有人居住。根據河岸的地理位置分布，試著沿著它的方向前進。當河流寬度太寬廣時，也可以搭載木筏來行進。

如果你是和團隊一起離開，務必要待在一起。但如果團員的年紀相差太大或有受傷的團員，可能會有點困難。尤其是行進在大霧、大雪、大雨中，或是漆黑的夜晚中，要待在一起是不大容易的，因此組織及紀律可說是非常重要。

指定一兩位路線偵察員行於團隊之前，而其他團員則是跟著領隊前進。指定一位團員當隊伍尾端清查員（Tail End Charlie）確定沒有人落後在隊伍之後。偵查員不能遠離團隊可目視及聽到的範圍，每一小隊的團員需要能馬上與前後方的小隊成員聯繫。

停止定期檢查及人員清查。每位團員應該很清楚與團隊分開時應採取的行動。

如果團隊中每一小隊有一個哨子，找到走失團員的機會就大增，也可以避免團員之間的相互呼喊。

腳程快及體力好的小隊可以擔任食物、飲水及避難所的搜索小隊，或為團隊開路。不過，他們必須把路線標示清楚，利用樹身、草地上的石頭或樹枝做記號。你認為很明顯的記號，可能對後面跟隨的人來說是不明顯的。特別是在下雨或下雪的狀況下，你得不時回頭檢查一下你做記號的地方是否清楚而且容易辨視。

在險峻的地型上能見度是有限的，要多關照在陡峭的斜坡上奮鬥掙扎的團員，尤其是下降的坡度難以判斷，可以利用手緊握手腕的方式互相幫助。

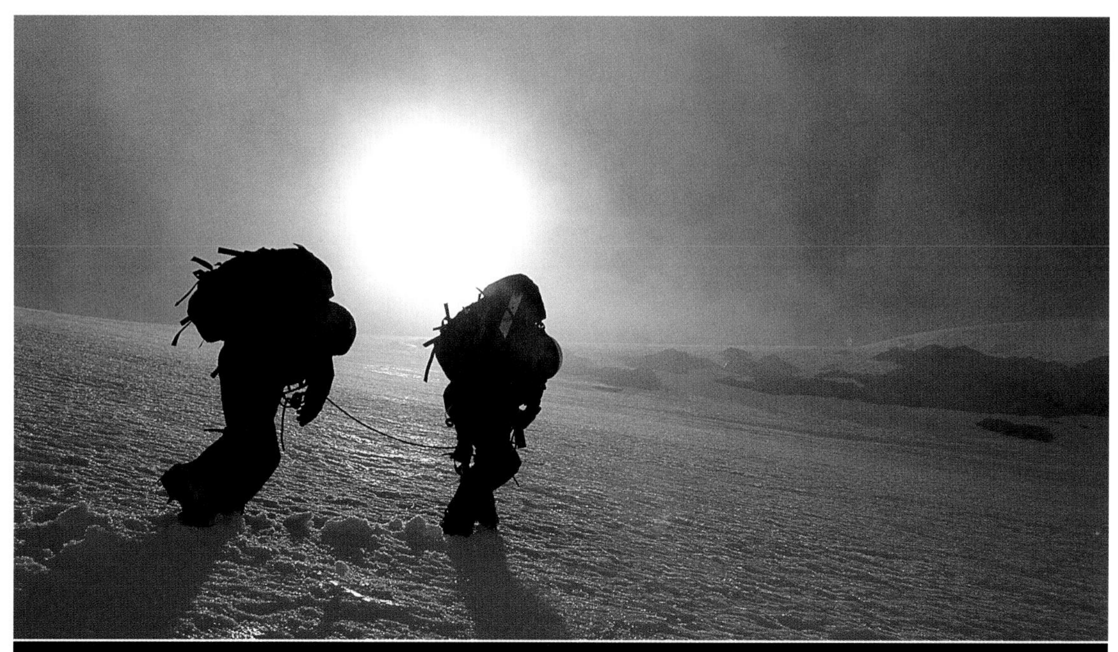

當能見度較差而阻礙行進時，團員被迫分開是一大威脅。此時可在領隊與一個或多個團員之間用繩子繫於手腕，把大家集合在一起。

## 讓行進變得簡單

如果你是與受傷的人同行，或必須駝運體積較大的補給品進行長距離的旅程時，可以用樹枝及繩索做成臨時的架子、背包及棚子(如圖示)，當成載物的架子或雪橇架子。兩腳架子（雪橇）是最基本及容易搭建的輔助工具，但可滑行的彎曲雪橇會比簡單的雪橇較易移動，特別是在雪地及平坦光滑的草地上。

### 臨時背包

利用樹枝作為支架，把一塊地布（帳篷用的地布）或一件大的衣料綁在支架上。用衣料沿著支架綁起來當臀部及背部的護墊。為舒適的緣故，臨時背包的肩帶需越寬越好。

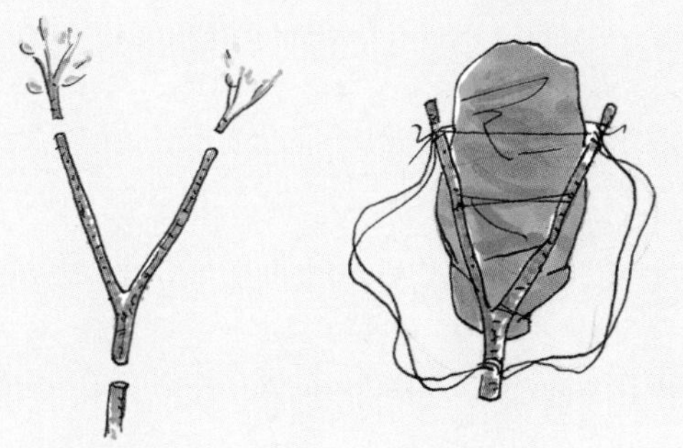

### 哈得遜灣式背包(Hudson Bay pack)

一塊大的方型布料或防水布是非常適合用來做成哈得遜灣式背包。在對角處各放置一個石頭，然後用繩索及樹皮結實地綁起來。把你要背的貨物以縱長的方式捲起來，然後用綁於兩角的繩索，把背包提起橫跨於你的背或你的腰部綁起來即可。

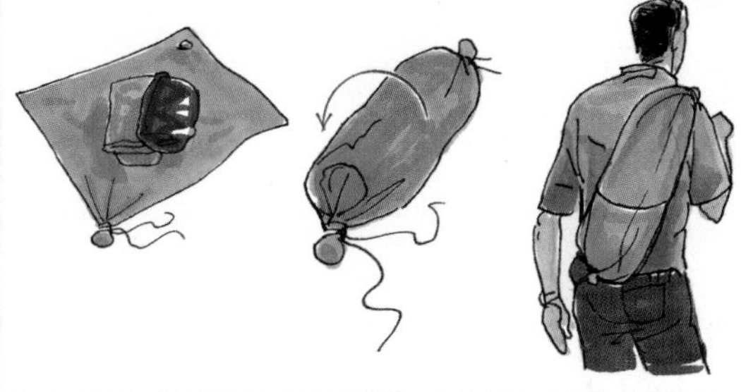

### 兩腳架子

用兩根長樹枝或是兩副支架來搭建駝物用的平行滑行支架。滑行支架可以用T恤或夾克的袖子綁在一起。

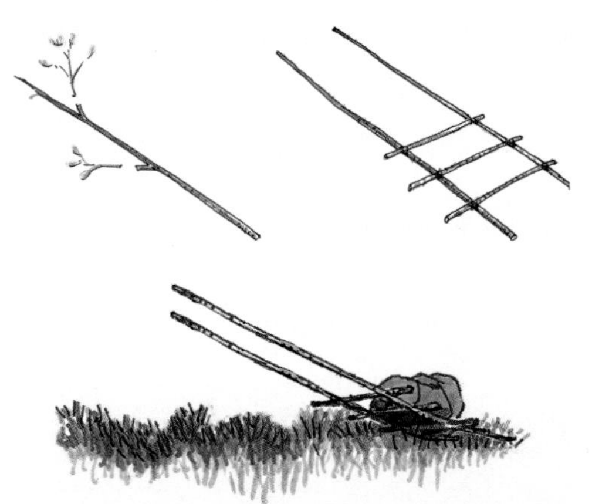

### 可滑行的彎曲雪橇

把雪橇的兩端彎曲使支架可用來滑行。先將彎曲的尾端固定住，再用另一根支柱將平放的橫桿支架牢牢綁緊。在陡降的峭壁上以拉起雪橇後面所附的繩索來做煞車的動作。

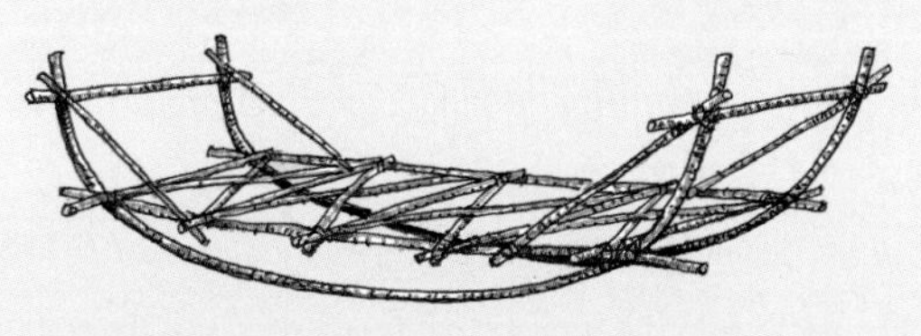

## 夜間行進

夜行儘可能僅在有緊急醫療需求時進行，但在沙漠地區，或是在雪地、冰河上，並不建議白日行進，因為這些地區的地上結構在晚上較為結實。

使用火把會讓你的行動更加安全及簡便，但也會讓你失去距離感，使你較難記錄所在的位置。在你開始夜行之前，先坐下來等待半小時，讓你的眼睛完全習慣夜視。而一剎那的亮光或照明彈，會破壞你對夜晚的視覺敏銳度，因此如果你因緊急原因必須要使用照明來看地圖，不妨先請其他團員把眼睛給閉起來。

夜行的壞處是無法預見障礙物及陡降的峭壁，也無法確定團隊不會有被分開的問題。

## 堅持原來的路線

在黑暗中，有一種三人一組確定前進方向的方法（如左下圖示）。隊員及領隊為一組，在前進的路線上安排一個視線可及的瞄準點，在瞄準點前方的等距線上再安排一個目標點。當團隊移動到瞄準點時，瞄準點便往目標移去成為另一個新目標。

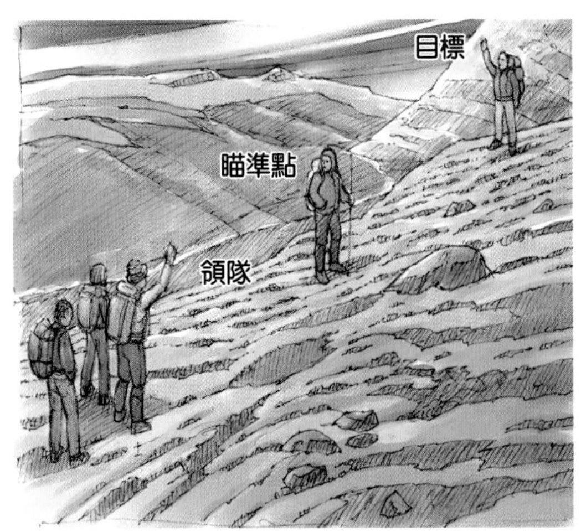


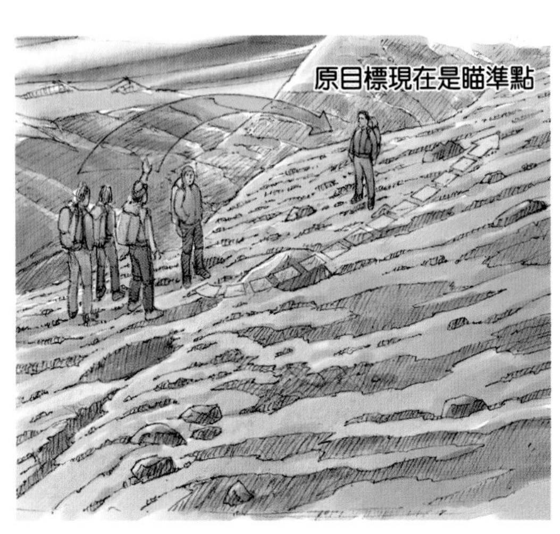


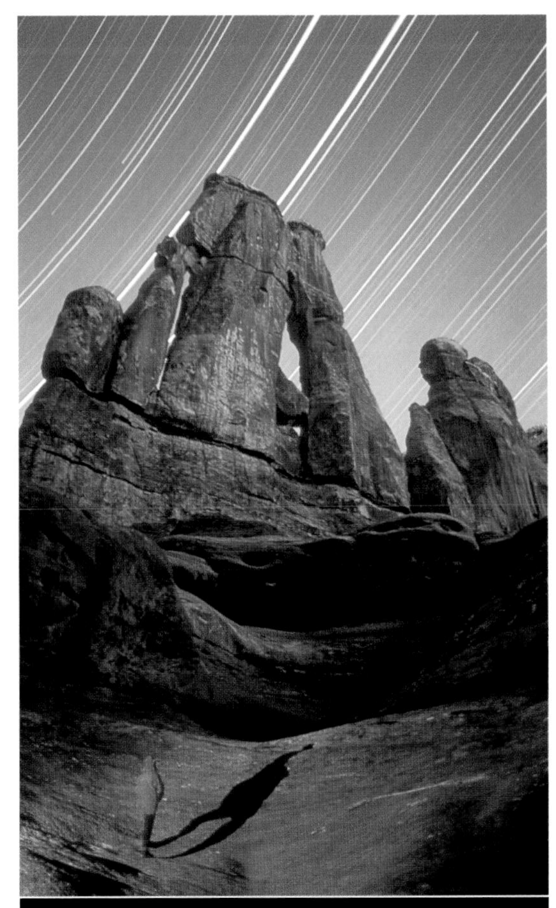

**雖然人們的眼睛會適應黑暗的環境，但判斷波形地型的深度是非常困難的。**

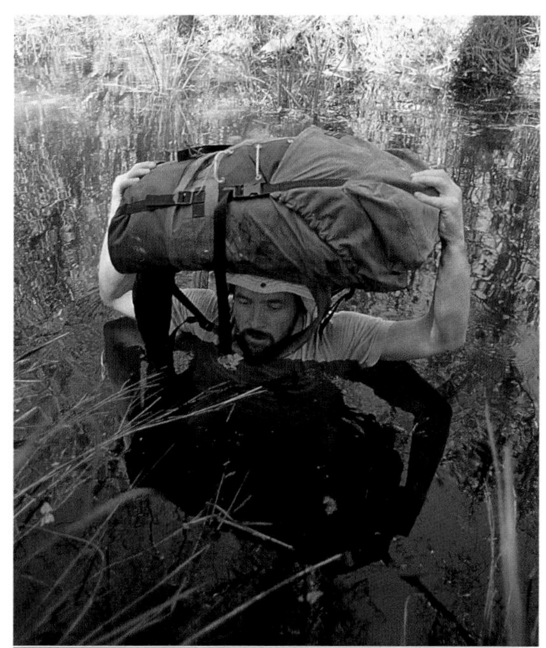

在渡河時衣物能越乾爽越好，因爲身體會很容易因濕冷而失溫。

## 渡河

河流不管對團隊還是個人都是一個問題，尤其團員是在疲憊、寒冷及缺乏訓練的狀況下。除了可能導至死亡、受傷，即使在天候溫暖狀況下，弄溼身體也可能發生失溫現象（見Pg78-79）。因此在橫越河流之前，脫去你大部份的衣物，再用防水袋或容器包在一起，然後把它們高舉過頭。鞋子也一定要保持乾爽，鞋子只有在河床上有很多石頭或有很多障礙物存在河面下的時候穿。如果你只有一雙襪子，只穿鞋就好。

如果河川的流速很快但有可能在減退中，最明智的方法是等到河水完全消退或是走另外一條路線。如果只能越過河川而沒有其它的方法，先在河邊上、下游走動以研究河流的型態，選擇最好的渡河點來渡河。

過河之後，試著讓團員保持溫暖及乾爽，同時小心觀察失溫的症狀是否會發生。

## 無繩索的渡河方式

- 你渡河的方式取決於河川的寬度、深度、水流的速度和團隊體能的強弱。
- 選擇一個沒有危險的渡河點，不要在大瀑布及瀑布上方渡河。
- 避免在河川曲道邊渡河，因在曲道的河水流速會比較快。
- 斜著面對河水流向渡河，不要試著與河流搏鬥。
- 逆向面對河水流向，以免飄流物打到你。大的石礫在急流中會上下不斷的旋轉著，這是很危險的。
- 團員可排成一線，用堅固的樹枝及柱子握在胸前幫助支撐個子較小、虛弱或腳步不穩的人過河。較健壯的團員安排在最前線，這樣可以把急流的流向結構破壞掉，或是團員面向內排成一圈，以手臂互搭在旁邊團員的肩上，然後從旁邊通過。領導大家渡河的隊員須用一根樹枝支撐平衡，並探查水深及河床中危險的障礙物。如果一個人要渡過淺溪或水流較慢的河流時，也可靠樹枝來支撐及測試水深。
- 若是你背負大型的背包過河，應把綁在臀部的帶子解開，如果你失去平衡，才能輕易移除背包，以免因跌倒而被沉重的背包捲進河流中。使用可以浮起來的輔助用品來拖行虛弱的團員渡河。

## 使用繩索渡河

最安全的渡河方式是用一條連結繩索（見Pg32），將一端綁緊後迅速將渡河的人拖到岸邊。千萬不要試著硬拉被捲到逆流的人，因為他/她有可能被強勁的水流溺斃。一條安全繩可以綁於河岸的兩邊，團員可以繫著另一條繩索於身上同時握著綁於兩岸的繩索過河，渡河角度可以略朝順向河水的方式。

## 使用繩索渡河

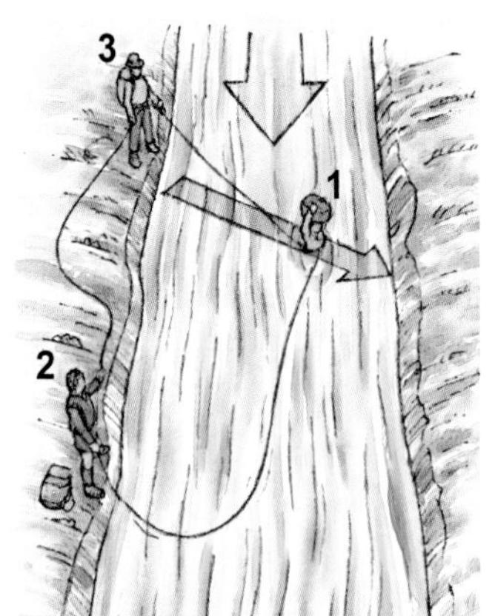


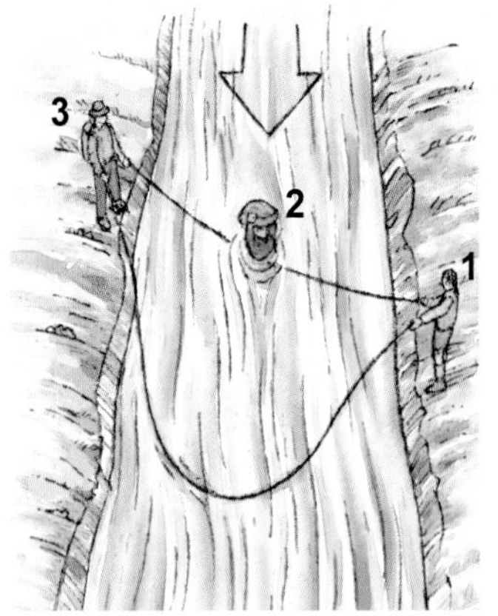


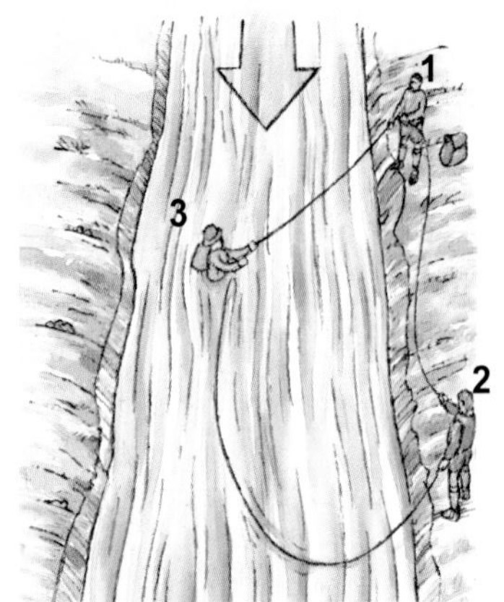


團員1（最強壯的）用安全繩索繫在胸前，把自己綁起來。團員2及3分別站在上、下游，各抓住團員1身上的安全繩索兩端，護送團員1順利過河。

團員1到達對岸後鬆綁自己，輪到團員2把自己綁起來，再朝向團員3方向走去。他進入水中後團員3與對岸的團員1同時將安全繩索拉緊，幫助團員2順利過河。

當團員2走到團員1的地方，先把自己鬆綁，再握著安全繩索往下游方向走去。團員3用安全繩索把自己綁起來渡河，此時團員1握緊安全繩索及承受大部份的繩索重量，而團員2則是拉緊安全繩索幫團員3安全渡河。

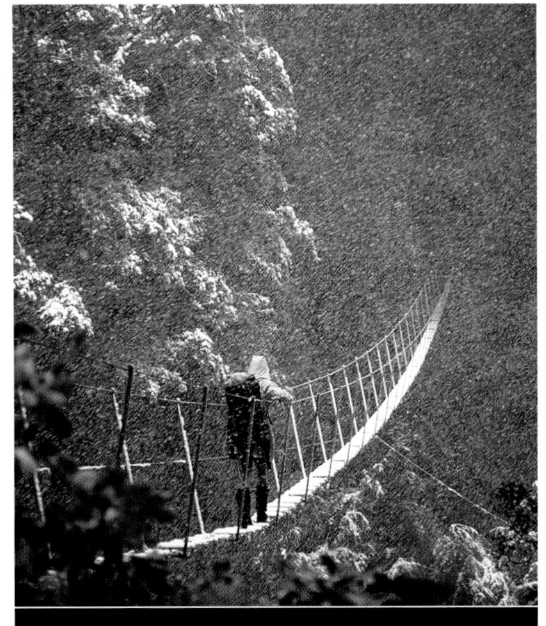

繩索橋的扶手及旁邊支架使危險的峽谷橫越變得較安全。

## 臨時搭建的便橋

如果你需經常由當地基地做救援或跨越溪流，搭便橋是值得採取的方法。

### 繩索橋

山的兩側都必須有一個人或一組人。兩側的人各自從自己所在地開始搭橋。一個簡單的便橋是先搭建X-支架約2M（61/2呎）高，然後在中間部份完全用十字編結方式固定（見Pg69）。在每一個接近X-支架腳架的地方牢固地綁上橫桿，用腳架挖掘戳進地下來固定，然後將支架以45度的角度把橫桿綁到樹上或穩固的樁上。

在繩索X點處放一些保護材料以免繩索因有人走過後磨損。把X支架以直立方式抬起後將繩索拉緊。然後安裝兩條繩索當扶手到每個X支架的上桿處，把它們每一端都緊緊繫牢。

## 簡易圓木便橋

這個便橋可以由河的一端開始搭建。先把一截短的圓木以橫放方式用木樁牢牢地固定在河邊（a點）。把大圓木柱頂著（b點）以直立方式拉起來，

然後把圓木的一端放到對岸（c點）。之後將第二根跨在第一根圓木上放到對岸（e），再來就是第三根到（f點），最後用金屬樁或木樁把它們牢牢的固定起來。

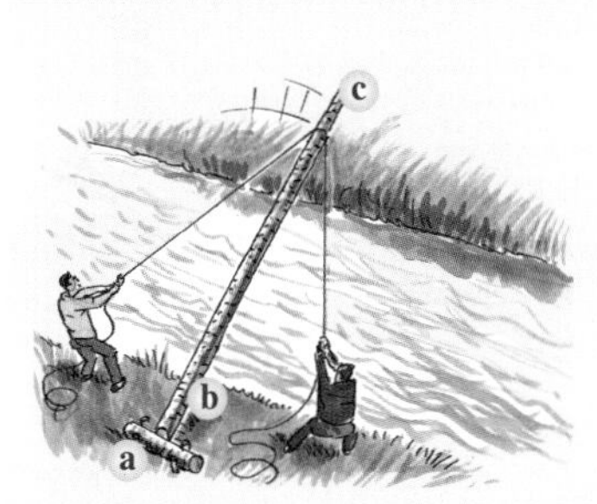


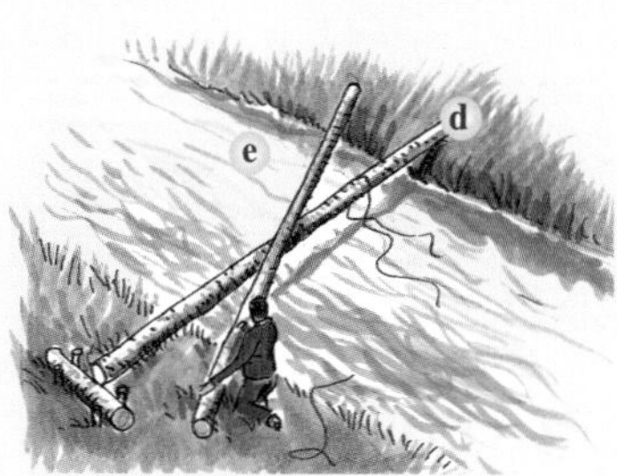


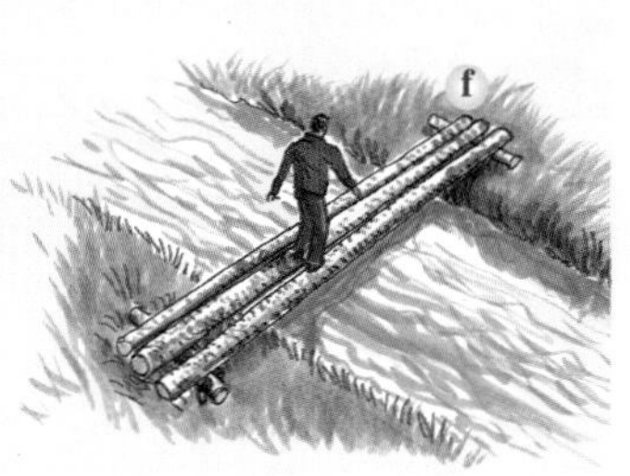


## 木筏

木筏可以用來運送小孩、老人或受傷的成員以及補給品。木筏可以用圓木或竹子，以及支架搭上帆布所搭建而成。把所想要承載的重量放進木筏搭建的考量。木筏可能比你想像的還重，因此儘量在河邊搭建它。

先架設底部，把兩根較長的圓木架在兩根較短的圓木（a）上。然後再沿著兩根圓木將它們刻出凹槽，這是用來擋住其它圓木（b）的。把雙邊的凹槽面朝上（c），將其餘的圓木牢牢地放在凹槽中（d），最後兩根圓木也刻出凹槽，然後斜斜地把它們綁在木筏的兩端（e），再用繩結把它們紮牢在一起。

槳可以由一片扁平的木柴，或幾支相等長度的竹子綁在一起，然後綁在一根長樹枝上。用一個小的X支架（f）綁在木筏的後面來支撐槳及舵（g）。

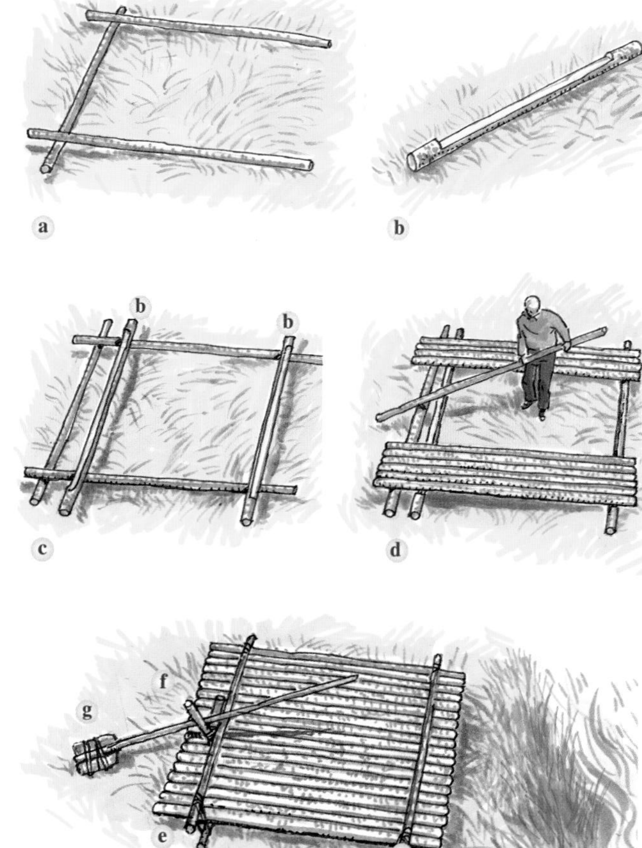

# 導航

在你不熟悉的地區，最好是使用地圖與指北針或GPS，幫你找到方向。如果你都沒有的話，只好依賴自然的方式來尋找方向（Pg38-39）。

## 使用地圖

地圖會顯示下列所述：

■**利用北－南線（或網線）找出方向**：一旦使用地圖方式正確，在地圖上自然的地形，如河流、湖泊、山丘及山谷就與你所看到的地形相符合。

■**經由地圖的比率算出距離**：地圖有不同的比率，而適合健行的地圖比率是從**1：25,000**到**1：50,000**。**1：50,000**比率的地圖每一公分，在實際的地上就有**50,000**公分－**1**公分代表**500**公分。（同樣的**1**英吋代表**50,000**英吋）。

■**高度經由等高線來判讀**：這可以顯示陡坡或一個位置的傾斜度（如山峰高度）。等高度距離在地圖上以不同的等高線代表不同的垂直高度，通常是**10－20**米高（**40－80**英尺）。等高線越靠近代表坡度越陡峭。把坡度的角度作好註記，劇降的懸崖或陡坡代表會有很多等高線靠在一起。

■**特殊的地型及地理地標**：如湖泊、河流、懸崖、道路、建築及植物。

### 地區須符合的地圖

地圖的價值就是用來定位你的位置及周遭的地勢。第一個目標就是比對自然環境與你地圖上北方的方向。

### 地圖 vs 自然環境

**經由地景定位**：如果你大略知道你在何處而能見度是還不錯的情況下，翻閱比對地圖來定位查看地標如山丘、山峰、河流、湖泊及代表等高線等皆符合你所處的地形。

**經由指北針定位**：既然經由綿延的地形來定位是較不正確的，因此指北針算是較準確的定位工具，其中又以西維式的指北針為佳，因不太貴、功能也強，還有較容易使用。

**僅用地圖導航**：一旦使用地圖定位完成，你可以用它來定位你自己的位置及繪製路線圖，如位在東邊的山谷裏、越過峽谷、越過朝南的山脊到達道路。

**跟隨地圖引導你**；根據地形比對你實際所處的地形。

下面 **讀取地圖的方法：你需找出地圖的實體地形標記與實際所在環境的關聯性。**

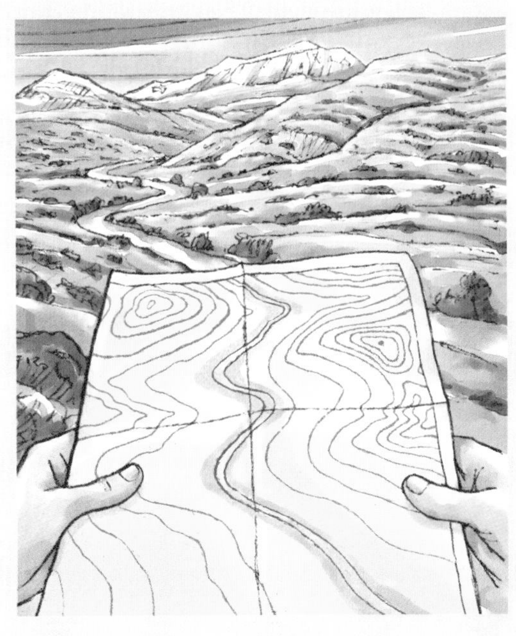

# 使用地圖＆指北針或GPS

## 指北針

指北針是非常好用的路線搜尋輔助用具－正確的使用指北針和地圖可以幫你節省許多時間。

磁北及真北：磁北極或真北極並不是真的地球地理位置。由於受到磁場的影響，因而產生真北與磁北的差異性。因此地圖必須在某方面提供範例如：磁偏角度偏東15°。這就是依照磁極偏東(到右方)15°的地方為真北所在位置，所以指北針讀數是離真北偏東15°。

把地圖向西轉15°（向左，或逆時鐘）從羅北（磁北）連到真北，它就會符合你所看到的地形（看下圖）

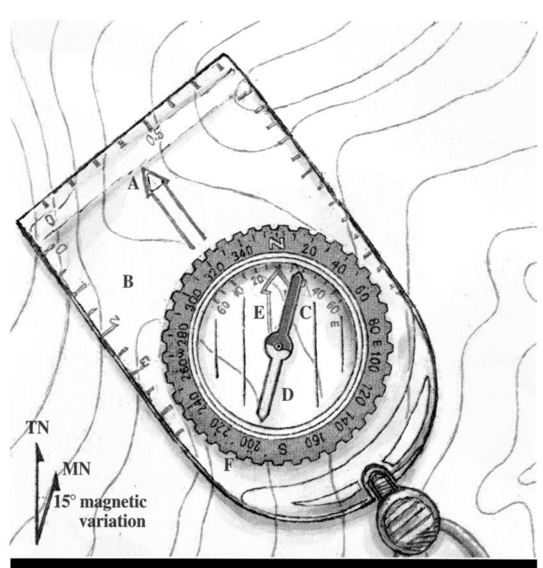


西維式指北針－A：行進的方向；B－底板；C－紅磁針（北）；D－白（南）針；E－北方（0°）指標；F－旋轉面板

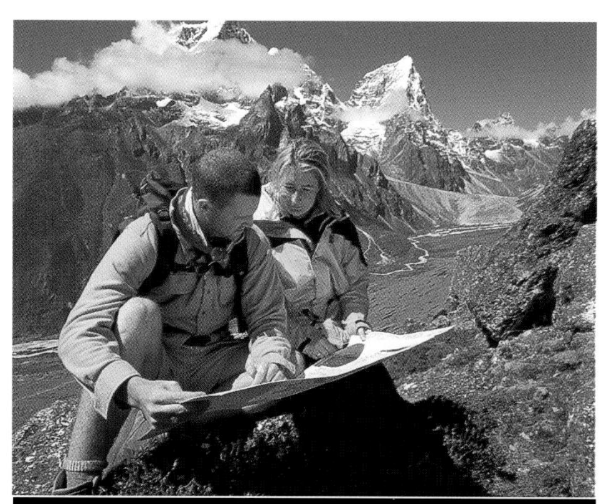

在行進到不熟悉的區域，可熟練地看地圖，會讓你較有信心。

## 就地製造指北針

■指北針的指針可以由鐵、鋼鐵薄片或刀片製成。

■一顆好的電池（從車內或燈具中取出）及一根電線可以產生夠強的電流來磁化指針。金屬的質地越硬（如鍛鋼指針）及更緊的電線，磁化就能越持久。把接觸點開、合幾次來強化磁性。

■重覆以絲織品或合成纖維以同一方向磨擦指針。定期重新磁化自製指北針的磁性，因指針的磁性消退的很快。

■磁鐵可以在汽車發電機及交流發電機，或收音機的音箱及玩具汽車中發現。

■讓磁化的金屬能夠自由擺動：用一條很輕的線把指針懸吊起來或把它浮於水上。隨手製造的指北針僅可作指北、南線，但不會告訴你哪一個方向是北邊，因此它必須與地圖一起使用，或是用自然地形辨視的方法來確定方向。

## 全球衛星定位系統(GPS)

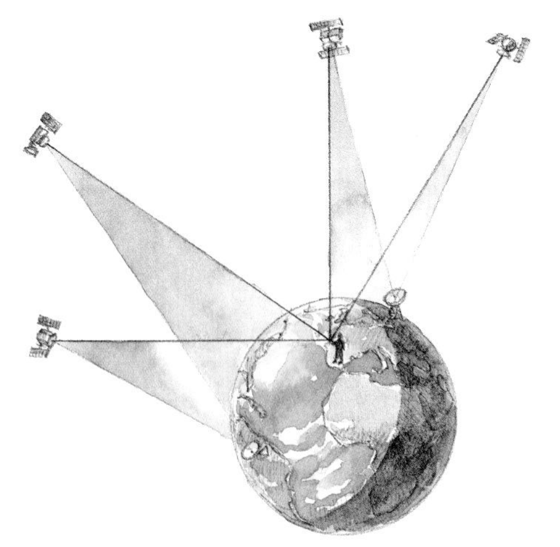

全球衛星定位系統是使用超過12個繞行軌道的衛星經由三角測量法測量所有的無線電訊號來定位你的GPS接收器。

你在地球上相對的位置（你在地球表面的所在地是緯度－東及西；經度－北與南）會以一組6到14個數字讀數，出現在GPS上的格子裡。如範例：東40°45.28；北35°55.42，是代表你的絕對位置是在東40度，45分鐘及28秒，及北35度，55分鐘及42秒。這些數值通常會伴著高度讀數，如1045公尺（或3428英吋）。

大部份的GPS會顯示出你所行進的方向到你的目的地，或是指出你在地圖上所選擇的相對位置。一些GPS裝置會顯示高度及氣壓的走向（給氣候預測用），如同指北針，它可用來規劃旅行的路線及提供救援者你所在的位置。

它最大的限制就是電池的電力沒了，就無法使用。因此聰明的探險家會帶一個老古董的指北針為備用品。

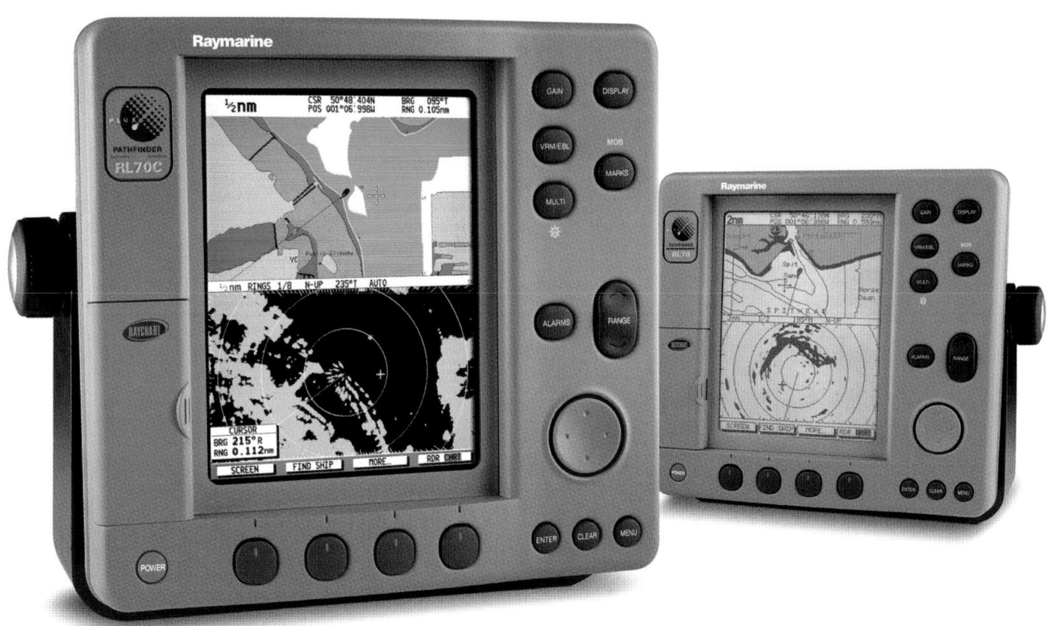


GPS這類的科技產品大大改善今日的冒險旅行。三角訊號測量法會馬上被衛星啓動並用3D的方式來定位，如緯度、經度、高度，這對救援行動是非常重要的。

## 地圖與指北針

在夜晚或天候不佳的狀況，你或許必須依靠使用地圖及指北針來旅行，指北針測量會提供你方向。量度從0°（北）經過90°（東）通過180°（南）及270°（西），完全轉一圈到360°（又回北方了）。

**A** 首先正確的找出你在地圖上的位置－你現在的位置（X），然後選擇你在地圖上的目的地（Y）。 把指北針放在地圖上，再把底板的邊緣（指著行進方向的箭頭）它是從X點到目的地Y點去。

**B** 轉動轉盤讓指針箭頭在地圖上與北南線平行（指到真北）。讀取行進路線的底線是否符合轉盤上的讀數，這就是你的正方位。

藉由加法或減法（如地圖上所提供），把這個轉換成你實地的測量方位（指南）。如果偏角是：12°西，把這個加到正方位；如果偏角是： 12°東， 把它從正方位減去。如西12°偏角在地圖上的正方位是38°，把12°偏角加進使最後的角度為50°的實地量測方位，將最後這個方位量測讀數藉由轉動轉盤到50°平行對到指北針的行進方向。

**C** 手持指北針讓指針能自由擺動。轉動底盤直到紅指北針與面板上指北的位置排成一線。指北針會指著你必須行進的方向（例如正北方38°， 加12°西磁偏角，把角度調整為50°）。

簡單來說，磁針總是指向磁北－你剛剛已經使用行進路線指針方向調整指北針，指向該行進的位置。把磁北針對準面盤的指北箭頭，跟著行進路線的箭頭，你就會安全地到達你的目的地。

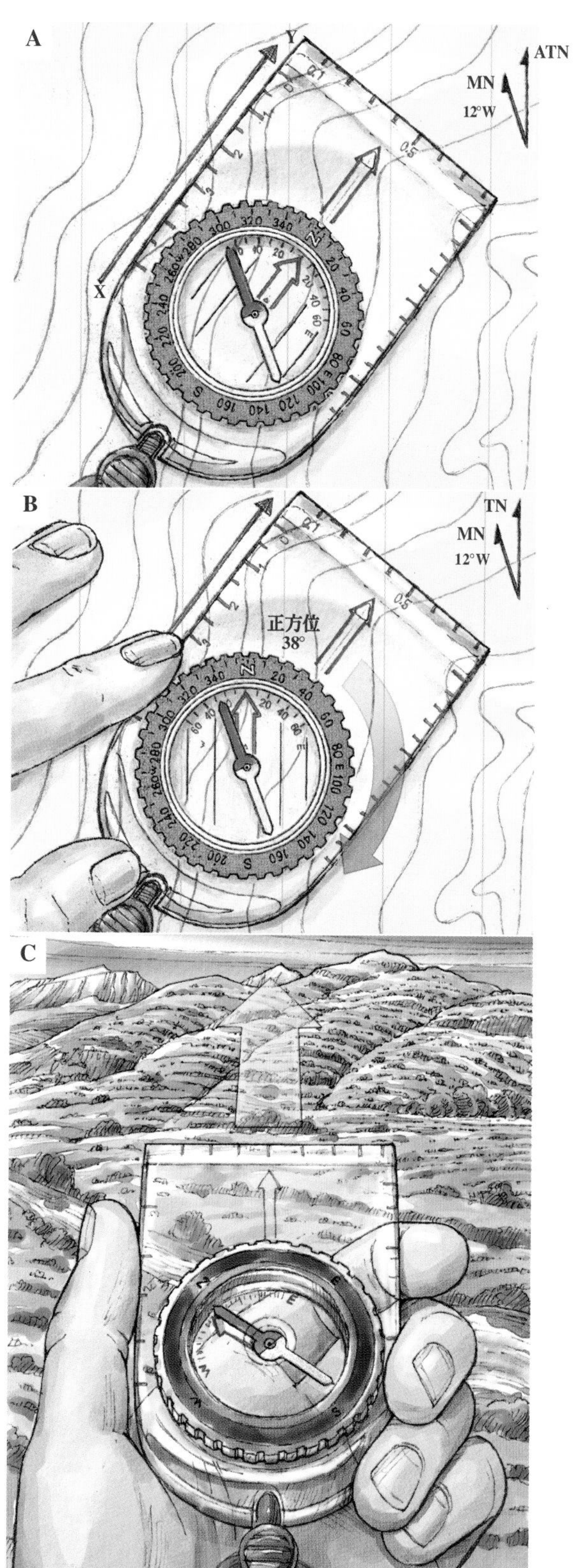

# 指北針之外找尋方向的方法

## 太陽

利用太陽的東昇、西下原理。因地球軸線的傾斜因此會有季節的變化。如果你是在北半球，太陽在天空的最高點時是在正南方，相對的在南半球是正北方。

**棒狀物的陰影可以用來定位你的方向及時間**。

把一根直立的長棒子插立在地上，在陰影的頂端作記號（西）。 約15分鐘後再作另一個記號（東）。 把東、西兩點連成一條東西線；而北南線便在東西線的右方。

在北半球的陰影是以順時針的方向移動，然而在南半球則是逆時鐘方向，下面圖示是北半球讀數。

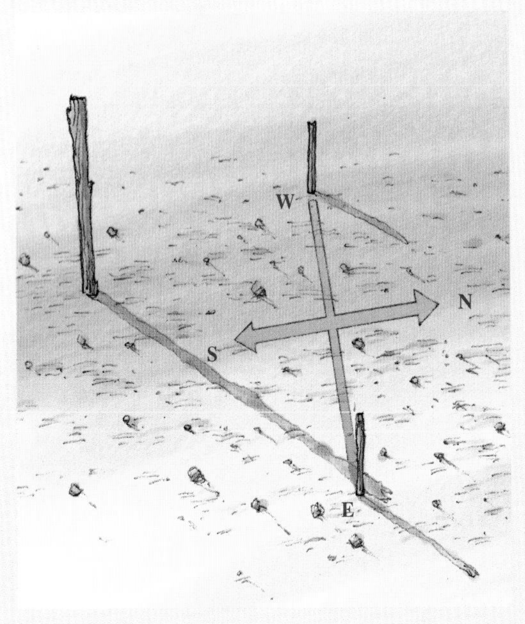


## 星星

因為地球自轉讓星星看起來是由天空中穿越而過。在北方或北極，星星是在自轉的軸線上，它會駐立在不變的位置。在北半球時，可以用北斗七星及銀河來辨認極星以尋找北方。

在南半球則用耀眼的南十字星座及它的兩顆指示星星來定位。劃一條穿過十字架的長軸線，再用一條線隔開兩顆指示星星後繼續延伸下去，這兩條線會在南天極星會合，把此線由天空直接往下畫到地平線，這就是真南的方向。

北半球長駐的極星－在星宿學中的小熊座（Lesser Bear）是座落於北斗七星的碗狀部。在大熊星座（Ursa Major）左手邊的兩顆星畫一延伸的線。高於60－65°北的高度，由於北極星的位置很高，是引導北方的最佳指標。

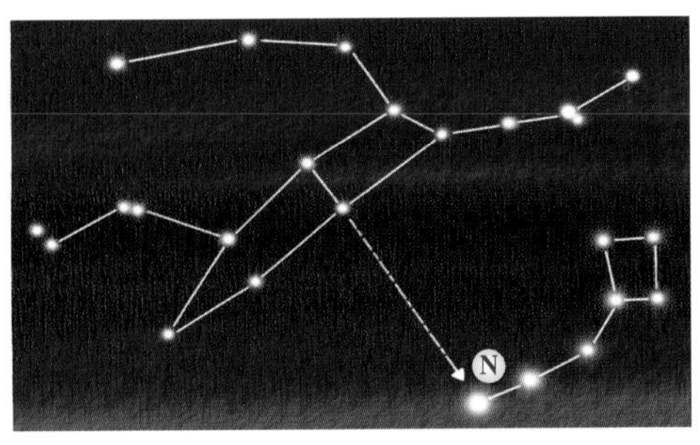


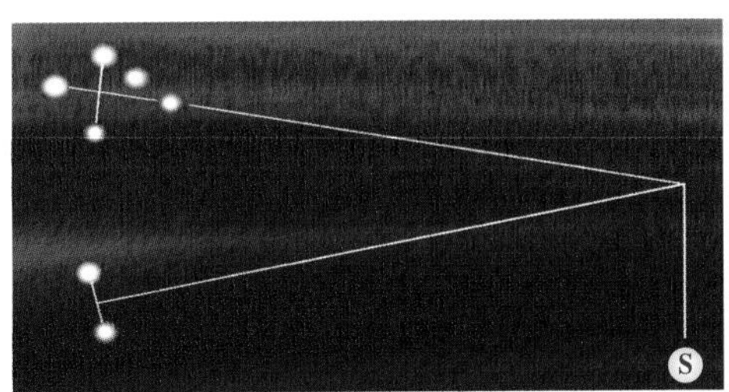

## 經由大自然找到方向

**地衣及苔蘚**：這些植物會大量生長在樹蔭處（如右圖）在南半球，多半生長在南邊；北半球則生長在北邊。

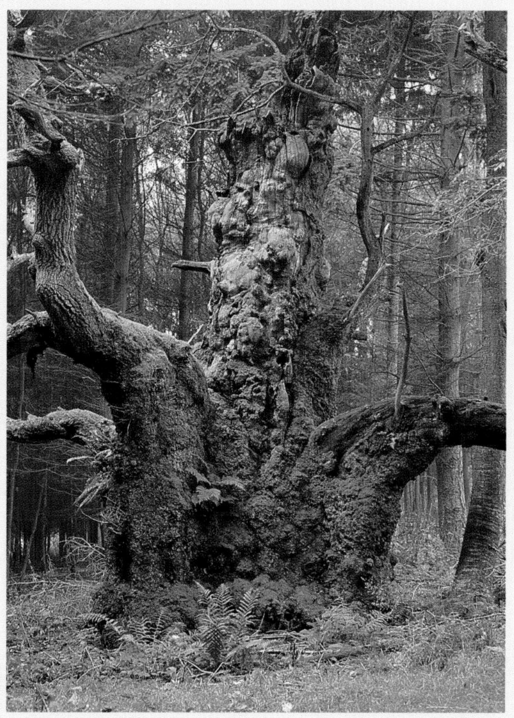

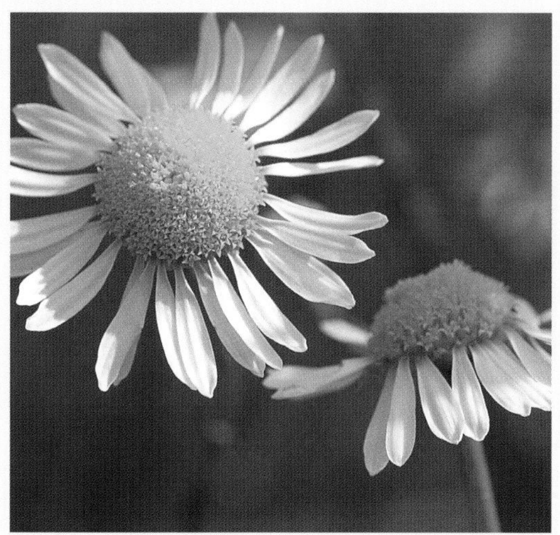

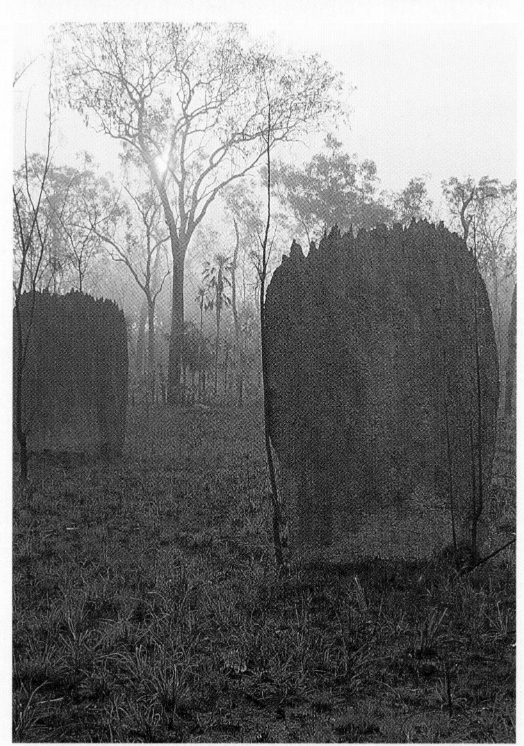

**樹木**：利用樹齡大的年輪（可以從被砍下來的殘幹上發現），面向赤道的那一邊會比較大。

**花**：大部份的花在太陽光可到的地方會長得比較好（上左）；相反的在南半球北方的花則生長得較好。

**鳥類及昆蟲**：非洲織布鳥把它的巢築在樹的西邊。白蟻築巢則是由北向南，因這樣有最好的遮陽效果。

**河流**：如果你知道河流往大海的流向，這可以幫你確認方向。但請注意很多的河道是迂迴曲折的。

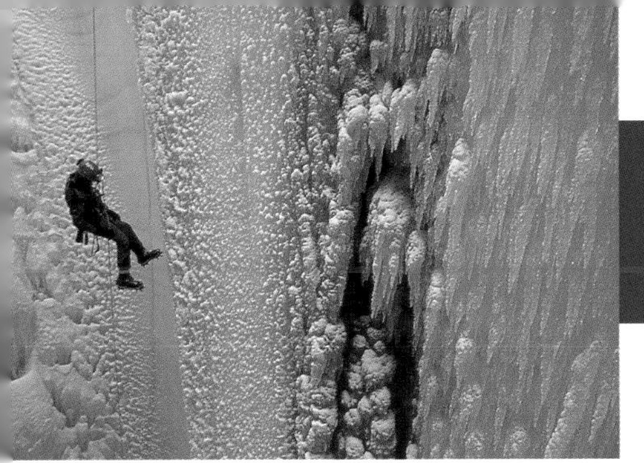

# 通訊及救援

求生最重要的要點，就是要如何被發現及獲得援救。一旦你逾期未歸（預計抵達時間已過），可能就要安排救援的行動，特別是你把行程明細留給朋友或家人。如果一時之間等不到救援，那麼可能就要再等久一點了。

說服有關當局安排及指揮一個有效率的搜索行動是一件不容易的事，特別是在第三世界國家。朋友、親人的堅持或強力的政治或經濟施壓干涉是使搜尋行動持續的必要手段之一。因此為了以防萬一，事先提供旅行行程給家人或朋友是很重要的。

## 發訊號

發信號可以用從最古老及最簡單的鏡子、哨子和火光，到最新式的收音機、手機及詢答機。在做訊號標記時你必須富有想像力，因為材料可能是從車子的殘骸或取自自然。

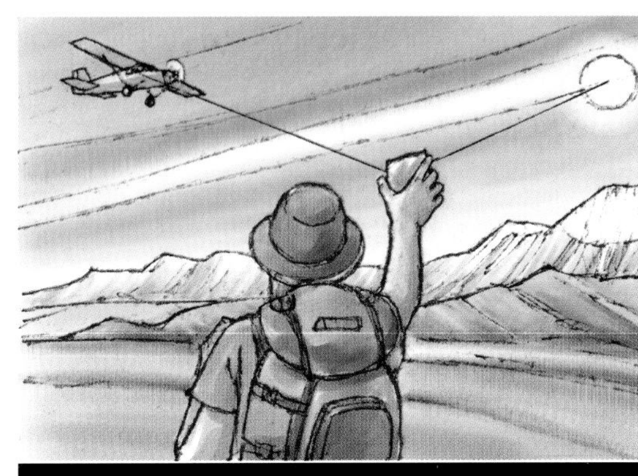

上圖 平面光亮的材料可以用來反射陽光。
右圖 紅火燄訊號彈在夜晚是特別地醒目。

## 傳統的選擇

### 鏡子

超過80%的空中搜尋案例都是看到鏡子反射的訊號。如果你沒有鏡子，不妨找一個平面反光的金屬物或玻璃瓶的底部做為反射光的東西。

將反光透過一個瞄準孔可以幫助你把訊號瞄準反射到救援車輛(例如船和飛機)上。如果沒有瞄準孔，把另一隻手放於鏡子之前，它會遮住部份的飛機或船，移動鏡子直到太陽光反射到你的手，然後把你的手移開，將鏡子以小弧形轉動可確定閃光會被發現。

### 火光訊號

事先堆一個或多層的木材堆，當有需求時可以快速點燃，如果有足夠的燃油，可以長時間點著。火堆堆成三角型是國際呼叫訊號，另一項選擇，把綠樹枝或輪胎切細，選擇視線最佳點，燃燒它們來製造濃烈的黑煙。或是將一個小竹筏點燃，讓它在河流或池塘中飄流，也是一個很有用的方法。

但千萬不要讓火失控成為傷害你自己及其他人的災難。

### 訊號標記

用來製造標記的材料須與背景色完全相反，這樣標記才會顯眼（越大越好）。做一個十字架、三角形或一個SOS（求救標語⋯）。

包括燃燒灌木（要有把握能控制火勢）、用木柴及石頭排列成圖案，或是使小河流改道成小池塘，這代表SOS訊號。

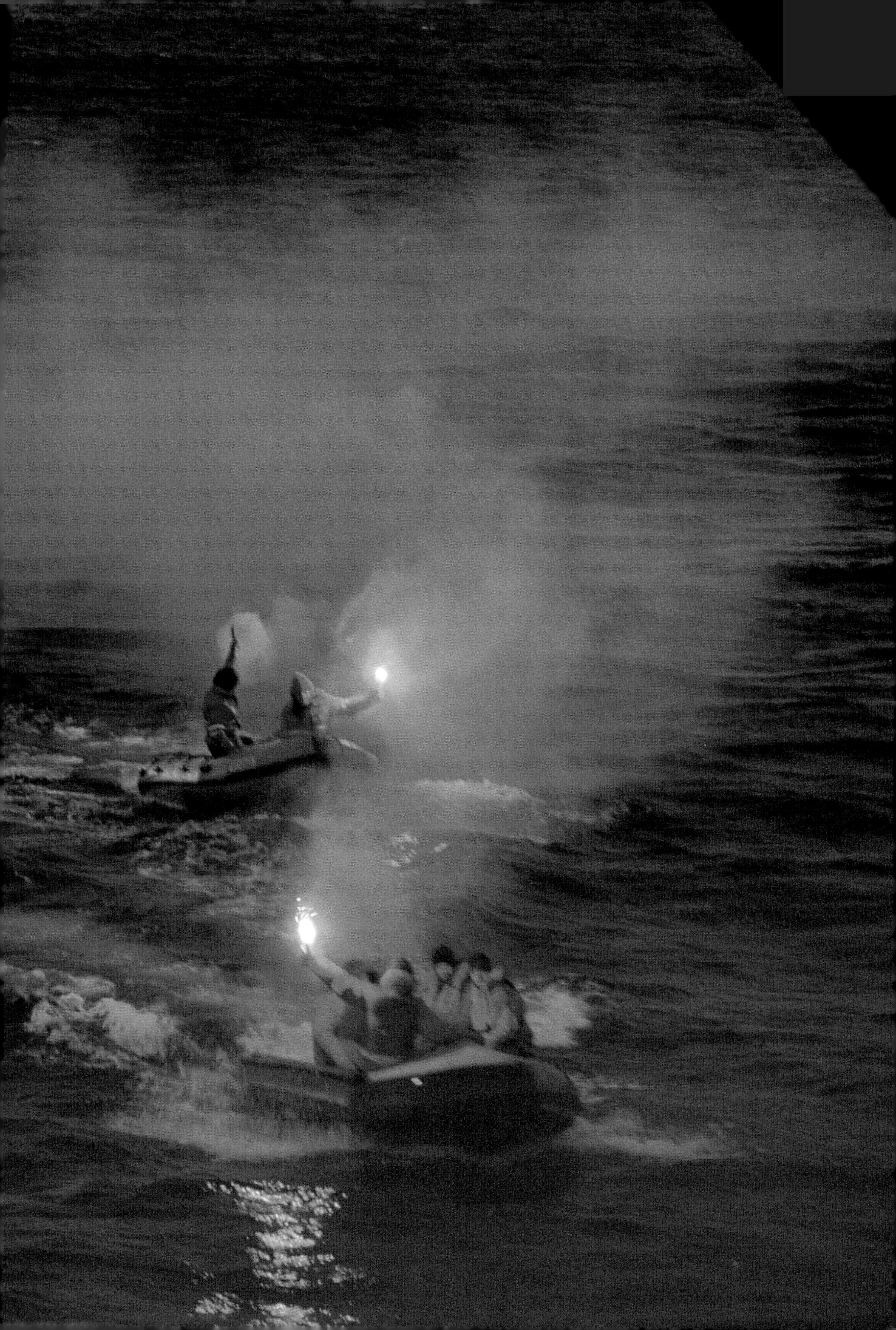

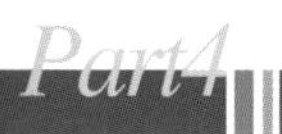


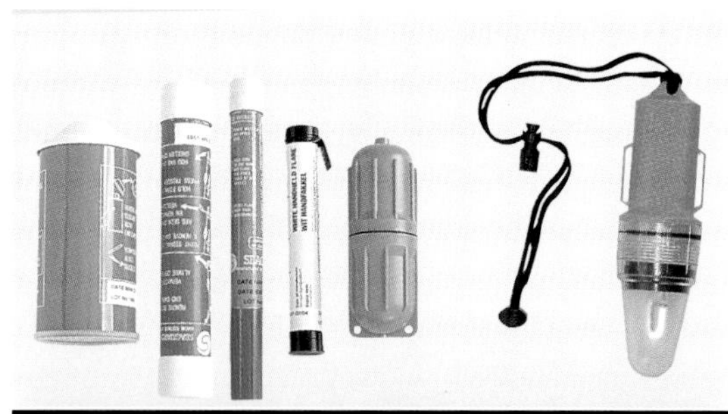
一系列的求救訊號彈及裝備（從左到右）：煙霧訊號彈；救難火箭信號彈；手持訊號彈；白色手持訊號；具有防水包裝的迷你訊號彈；防水救援閃光燈。最後一個是最有效的方法，因爲閃光很亮，能從遠距離吸引人的注意。

## 亮光

山峰、懸崖、船及島嶼在晚上燃燒火炬訊號是非常醒目的。重覆三次的閃光或SOS訊號是國際認可的救難訊號。（國際山岳求救訊號是：一分鐘6次閃光，然後再重覆）。

訊號彈至今日還是最有效的訊號裝備。 紅色是最容易被看到的顏色，不過最好是當你非常確定會被看到時才使用訊號彈。請記住搜救人員目視的可能視角是360°，因此要在很快的時間之內發射幾枚訊號彈，以確定他們能看到你。使用手持式的訊號彈時要高舉過頭，遠離臉部，並且要站在順風處。訊號彈使用時會很燙，要小心使用以免燙傷自己或引起火災，特別是在橡膠船或木船上使用。

## 如何協助救援人員

如果你是失蹤團隊其中一員，儘可能留下你們的所在地及移動線索，這可幫助救援人員的搜索。堆建錐型石堆，用名字的字母在地上做標記，再用一個箭頭標出行進的方向，或在樹上、機翼等處刻畫出箭頭。如果你深入洞穴中避難，先在洞口留下記號以防你睡著或失去意識。若你被大雪困住，所做的記號可能會被新下的雪蓋住，所以要把記號堆高一點。如果你聽到救援團隊的呼喊，在他們呼喊後中間安靜的時間大聲回應。

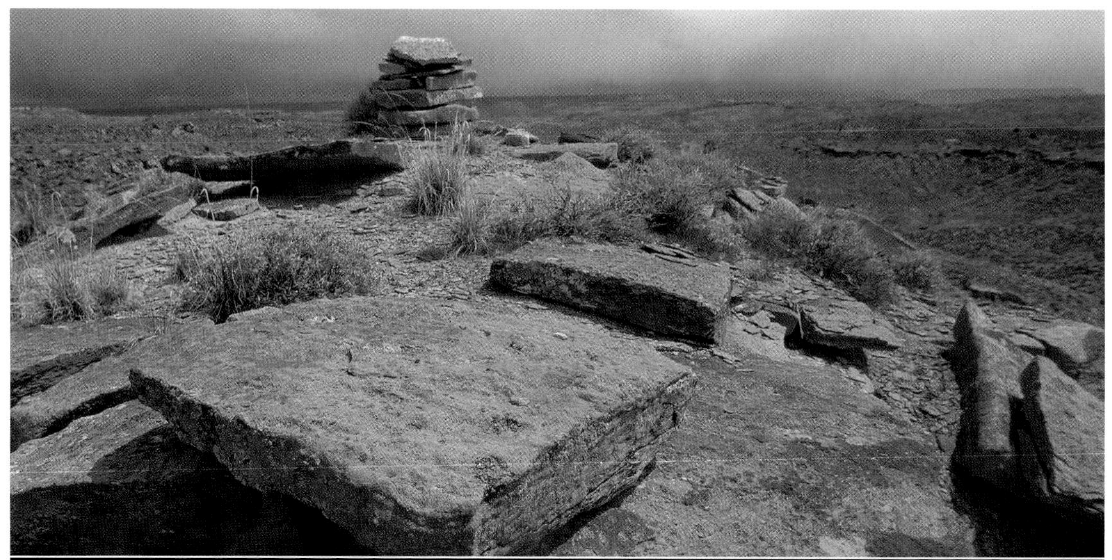
想要得到救援隊的注意，堆建錐型石堆來顯示你的所在位置，或爲行進方向做標記都是非常有效的方式。應確保它不會因天候不佳而被破壞。

## 高科技的救援選擇

### 無線電通訊

大部份的船隻及飛機皆有雙向無線通訊設備。如果可能，用無線通話設備在飛機墜毀前，或船隻擱淺前送出緊急求救訊號“Mayday”（法文m'aidez－幫助我）或SOS的訊號，傳呼通常只要按下手持通話器的按鈕。萬一訊號失真，微弱的訊號或低電力會防礙你發送清楚的訊息，利用按鈕送出SOS或摩斯密碼：短－短－短－長－長－長－短－短－短（見下圖）如短爆聲的訊號，這是比聲音更容易被讀出。在VHF無線（高頻），頻道16通常是用來傳送救難訊息的頻道。

VHF無線發射器或許僅能傳送訊號到看得到的地方，因此最好等你看到救援飛機或船隻時再發送訊息，或移動到高處再傳送，否則就是浪費電力。

新一代的船隻通常會具備能送出訊號的詢答器。而一般詢答器的訊號會連接到可以顯示出正確位置的衛星導航（SatNav）系統，因此要檢查是否有開啓此裝置。

### 手機通訊

如果你只有微弱及斷續訊號的手持電話，試著撥打緊急號碼，因為它比一般電話的訊號要強一點，或嘗試送出簡短的急難SMS（短訊服務）。如果都沒有回應，試著以SOS的訊號模式開關電話，你的訊號可能被軍隊或市民的空中全日監測訊號所擷取。短的摩斯密碼訊號是最容易從其它背景電子雜音中辨別出來。

或許要花上一兩天的時間，你的訊息才會被解碼讀出，但這是你獲得救援的途徑之一。

日本的救援服務會呼籲失蹤團隊保持手機開啓或在一聽到飛機時開機，因所有手機經常會發出獨特的訊號（pings），這能讓電話網路業者在送出與接收訊號中經由手機確認號碼後找到你的位置。日本使用的飛機裝備有手機訊號偵測，如果他或她超出訊號接收範圍，就只好期望其它國家會緊接著偵測追蹤。

## 傳遞你的所在位置

| S | O | S | 1 | 5 | 7 | 6 | 2 | 8 |
|---|---|---|---|---|---|---|---|---|
| ••• | = = = | ••• | • = = = | ••••• | = = ••• | = •••• | •• = = | = = = •• |

如果你知道自己在地圖上的位置，及你想向救援者告知你的方位或行進的方位，可以利用一個6碼的系統，把一組坐標號碼與你的SOS訊息一起傳送。

範例：SOS 15768(•表示點，短=代表破折號，長｜代表暫停)。如果你在行進中使用燈光來發信號給飛機，或使用摩斯密碼是你唯一的通訊選擇，這個系統是非常重要的。

## 中斷的電話線路

對深陷於暴風雪荒野中的人，把穿越過荒野的電話線路剪斷，這絕對是最後快速可行的方法。

**連接電話線**：如果你有擴音器，把它連接到電話線兩端裸露的電線蕊心，輕敲擴音器的振盆可以把脈衝聲由電話線送出，這會使電話鈴聲響起。一旦有人拿起電話，你可以經由擴音器聽和回答，或輕敲出SOS的訊號，電話線不會用危險的電壓操作，但請注意此種功能無法應用在光纖纜線。

**剪斷電話線**：這樣做會吸引維修人員出來。大部份的電話公司皆有技術可計算電話線路在什麼地方故障。但這是一項非常嚴重的舉動，因為可能會造成很多人不方便或讓他人陷於危險之中。

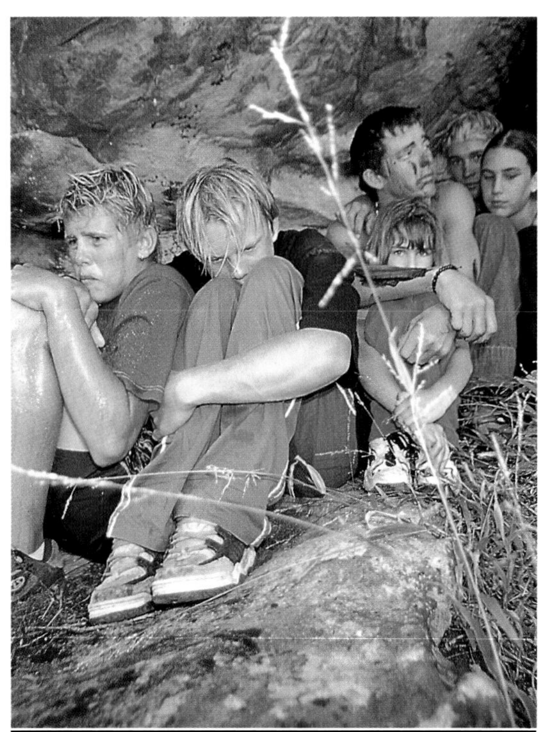

一大群人緊靠在一起，比一個人較容易被熱能偵測器偵測到。

## 電池的啓示

- 當你看到或聽到搜救車輛靠近，保存所有可能的電池電力為緊急及須打訊號時使用。當需要長時間的等待時請關閉電力。
- 大部份的裝置需要特定的電壓操作，如果你想增加電壓，把電池平行排列在一起（正的接著負的，例如4個1.5V小手電筒電池可以提供6V的電壓）。如果想要增加電力，而不增加電壓的話，就把所有正極排在一起，負極也是。
- 許多電子裝置如遊戲機、電鬍刀、呼叫器及手提電腦皆有電池。如果你依靠一個小的短波發射機或一支手機來傳送你的急難訊號，你可以用收集起來的電池電力來驅動裝置發送訊號，記得電壓要是對的。
- 如果要將小電池用在大型發射機上，它的電力會消耗的很快，然而，把一些電池排列在一起使用的話電力可能就足夠了。
- 讓電池保溫，把它們放進睡袋中或靠近你的身體，但千萬不要用火加溫。請注意電池裏面的物質是否會滲漏出來。
- 急難電話的內容要簡短扼要，如果搜救人員僅用限定的頻率接收你呼救的訊號，建立定期打電話的時間（例如每兩個小時），可以讓他們用來追蹤你正確的位置。
- 使用太陽能充電器放在太陽光下幾小時就可充滿電池。許多遊艇配備和車隊、飛機甚至一些兒童玩具，都有這個裝置。

## 紅外線追蹤

在寒冷的天候時擠在一起，不僅能互相取暖，還能減低個人體溫流失的機會，它同時也提供紅外線（熱能）追蹤的機會。使用紅外線雷達裝置或紅外線眼鏡，可以讓民間及軍隊偵測到人們在地上活動的蹤跡。

# 救援行動

直升機通常被用在救援行動的最後階段。直升機也有其使用上的限制，例如著陸地點必須是沒有任何障礙物的，還有不能降落在陡峭的山坡上，因為直升機的葉片可能會撞到山坡邊。即使是在高海拔地區飛行的噴射渦輪直升機也得要注意。以下圖示是適合直升機降落的較佳場地。

一個用褲子做的臨時風向袋，用來指示當時的風向，而直升機準備面風降落。直升機被引導降落在一個有“H”記號的無障礙物平地上，被救援的人安全的躲進遠離直升機螺旋槳的下風遮蔽處，當時他們的背包是用大石塊壓著的。

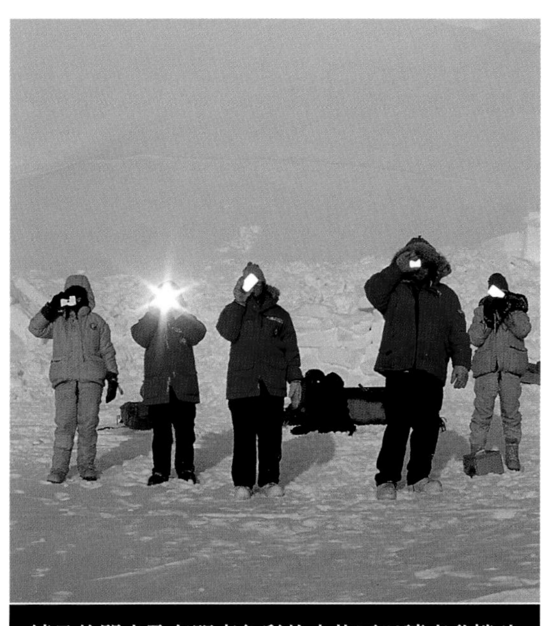

鏡子的閃光及有明亮色彩的衣物可以讓直升機確定你們的位置。

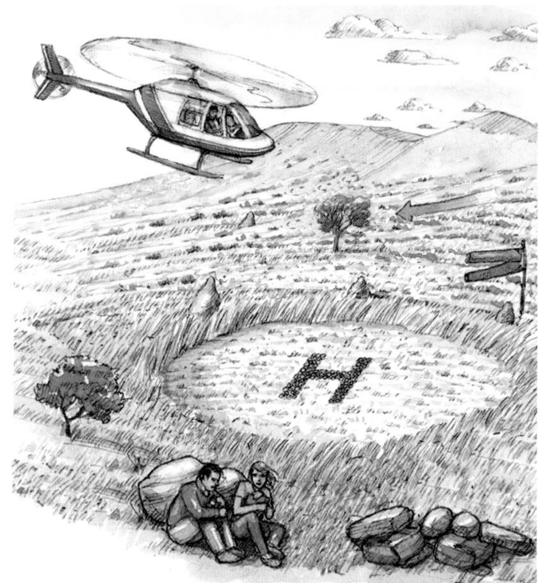


幫飛行員選擇一個淨空的降落點，並在該處畫上一個大“H”標記。

## 降落區域的必要條件

飛行員較不喜歡垂直降落到一個空曠的地上，而是逐漸以面風的水平方式緩緩降落。適當的降落地點如下：

- 一個小於10°的陡坡及直徑30公尺（100英尺）平坦、空曠的地區。
- 不會出現在傾斜角度起飛的高障礙物（樹木、大塊岩石）。
- 沒有電話線或電纜線在附近。
- 清除小樹枝、樹幹、碎石。如果有雪覆蓋，試著把降落地的雪地壓緊。
- 風向標記（臨時的風向袋、煙霧標記、手持訊號，如背風站著，雙臂向前比）。
- 用鏡子的閃光打訊號給直升機，穿戴明亮顏色的衣物，或是在地上做出大“H”標記的降落點。

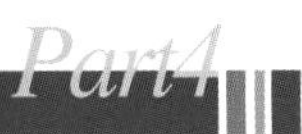


## 靠近直升機周圍的預防措施

■只有在被告知可以接近及登上直升機時，才從前方或旁邊接近直升機。

■即使引擎停止時，也要等到螺旋槳完全停止轉動才能接近－旋轉的螺旋槳會不慎且快速地把人頭切下來。

■停在上坡處的直升機非常危險，轉動的葉片會很靠近地面，千萬不要接近。

■儘量彎腰靠近直升機，身上也不要有容易鬆脫的物件（例如：帽子、睡袋或繩索）。

■注意不要拿著直立的物件（如：折疊的擔架）。

■如果直升機不適合或很難降落時，可以使用吊索把求救者或病患吊起。吊索絞盤鏈會因直升機而產生大量的靜電，在觸摸它之前要先把吊索絞盤做接地或觸水的放電處理。

■除非必要，千萬不要把吊索絞盤鏈綁在牢固的物件（如遊艇或樹木）甚至是擔架上，因為直升機可能突然於任何時候飛走。

■如果使用環索，舉起你的手臂，把環索滑過手臂，扣緊扣環（如果有的話），然後把它塞到腋窩下。

■在環握起雙手之前做出舉起大姆指的訊號。在比起此訊號之後不要再舉起手臂，這是很重要的。

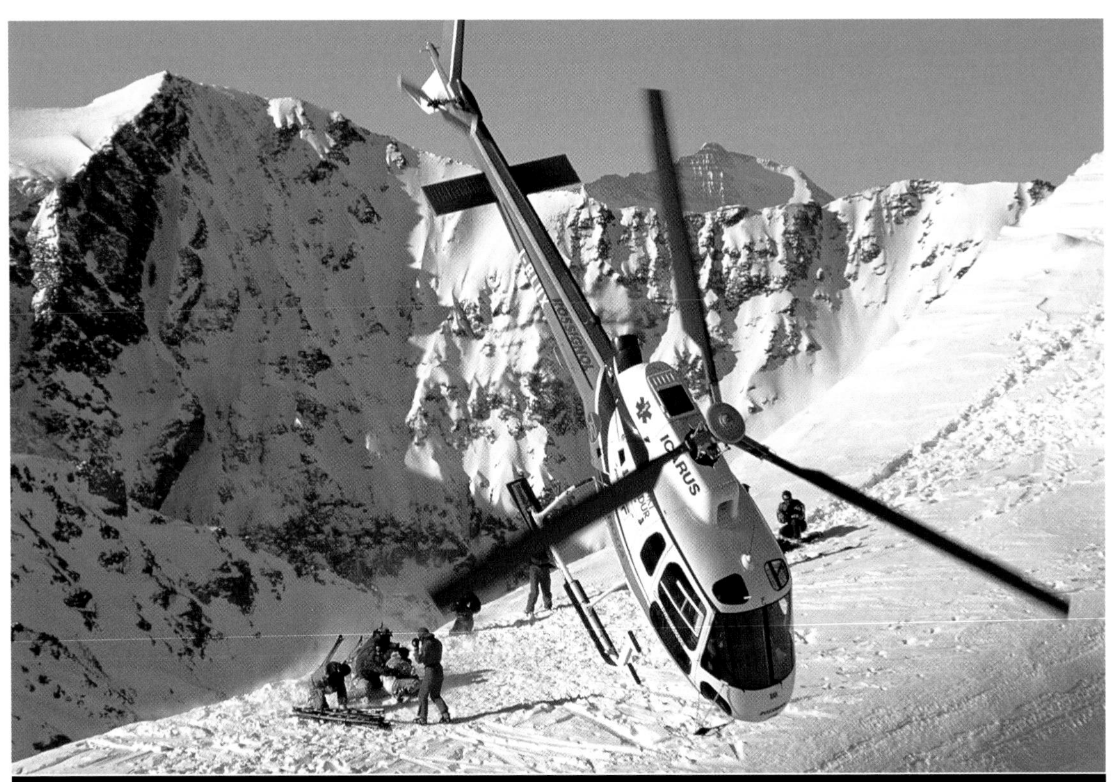


在不確定坡度的狀況下，利用吊索絞盤鏈來載運病患離開也是另一項選擇。

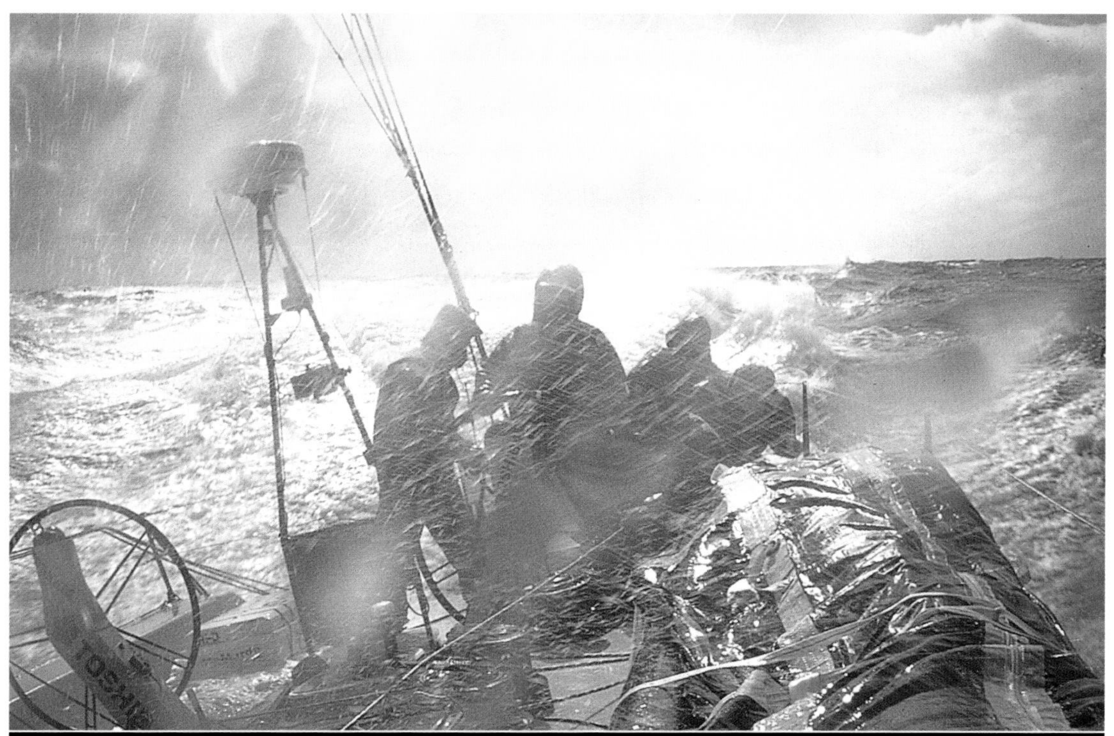

波濤洶湧的大海通常伴著強風，這使海上救援非常困難，在冰冷的氣候下，很容易就會開始失溫。

## 海上救援艇

兇猛的海浪可能會使救援艇無法靠近你，因此可能會發出信號示意你跳入海中，這也許會讓你害怕怯步，但不妨讓救援專家來引導你。在你跳進海中前，確定你已穿上救生衣；如果有兩個人同時被救起，請試著緊靠在一起。

假如是被另一艘救援艇從船上救起，要站在船的下風舷處（遠離風吹的方向）直到救援艇駛近靠在一起，然後盡快爬過船舷，或在你放開槳柄之前試著抓緊船舷或其它救生艇的梯子。

跳越過船到另一船的缺口是最後逃生的方法。被救援的團隊不應使救援艇陷入困境－試著保持冷靜然後有次序的靠近船，每個人聽從指揮避免驚慌及配合救援人員的行動是很重要的。

## 遇到懷有敵意的團隊

一般而言，引人注意是最優先的考量，但你應避免與不懷好意的團隊或個人有所接觸。或許你會身陷游擊戰中，被走私毒品或有武器的人鎖定，或因政治因素遭遇擄人勒贖綁架。如果你遇到讓你產生懷疑他們的動機的一群人，在接近他們之前先仔細的觀察他們，你只能藉著觀察他們的行為模式獲悉一些資訊，如果你還是不能確定，寧願差遣一位或兩位團員為信差，然後警告其他人保持隱蔽。信差僅須簡單著裝，而其他看起來值錢的東西皆要取下，萬一他們被俘擄或扣留，希望你會於稍後的時間請求協助讓他們獲得釋放。

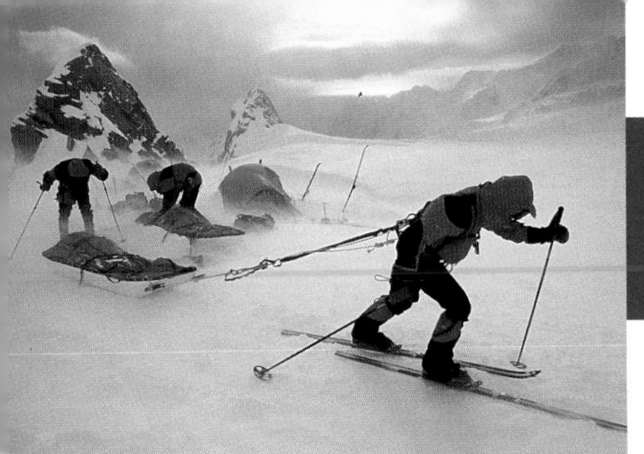

# 求生的重點

求生優先的考量是避難所、衣物、飲水及食物。這裡所討論的是當你在不同的荒野地區旅行時，忽然面對災難打擊的話，你要如何反應；如何使用你所有的東西，及臨時做出你沒有的必需品。

## 採取行動

至目前為止最主要的殺人兇手是驚慌，這會導致不理性及欠缺考慮的行動。遇到意外時先停下來，做出理性的分析，決定應該採取怎樣的行動。避免馬上離開的決定。如果飛機失事後有引起火災的危險，那麼在飛機殘骸邊搭建避難所是無意義的，而在離開前沒有將必需品取走也是愚笨的行為。

求生的優先次序是會因情況的改變而改變，但整體來說，個人及場地安全總是非常重要的。

**受傷或被困住的人必須更加冷靜英勇** 在車禍事件中，須先注意是否有起火及部份結構撞擊的風險。冷靜地處理它，不要讓不冷靜再度為害自己和團隊成員。

**團隊** 把他們集合起來，確定每個人了解狀況及讓他們參與隨後的規劃，要給心煩意亂及焦急的人安心的保證，許多人還會處於災難發生時的衝擊期。當意外發生後，應先整理所需衣物及找尋避難所。

**右圖　一個圓頂冰屋不能提供你溫暖的環境，但會阻絕冰冷刺骨的寒風，因此在冰屋裡溫度是固定的。**

**可利用的東西** 拿你可以安全取得的東西，不要讓任何人陷於危險中。

**基本需求** 讓團隊人員了解狀況及清楚了解每個人的角色，應該要照顧到團隊每個人的基本需求。

## 衣物

雖然人們可能依最糟的狀況來打包衣物，但情況總是很難依照理想的計劃發生，此時就地取材就變得很重要。寒冷的氣候，即使是在海上或陸地上，同樣也會引起很嚴重的危險。然而，在非常高溫或溼度中如沒有適當的衣物，也很可能產生問題。

把椅套剪一個洞可以做一件不錯的夾克；地毯能將冷空氣隔絕及達到保溫的效用；薄的睡墊可以用來包裹身體；而降落傘、帆及帳篷皆可以用來遮蔽太陽光，或阻隔寒風。

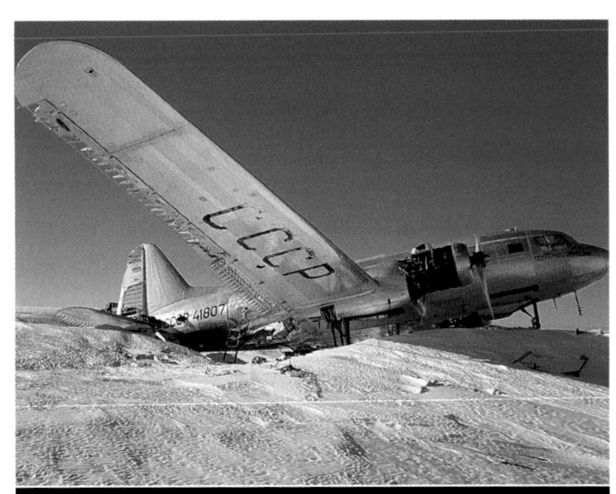


上圖 在一個空難事件中，一旦確定乘客的安全，需要儘快從飛機的殘骸中搶救出可用的材料。

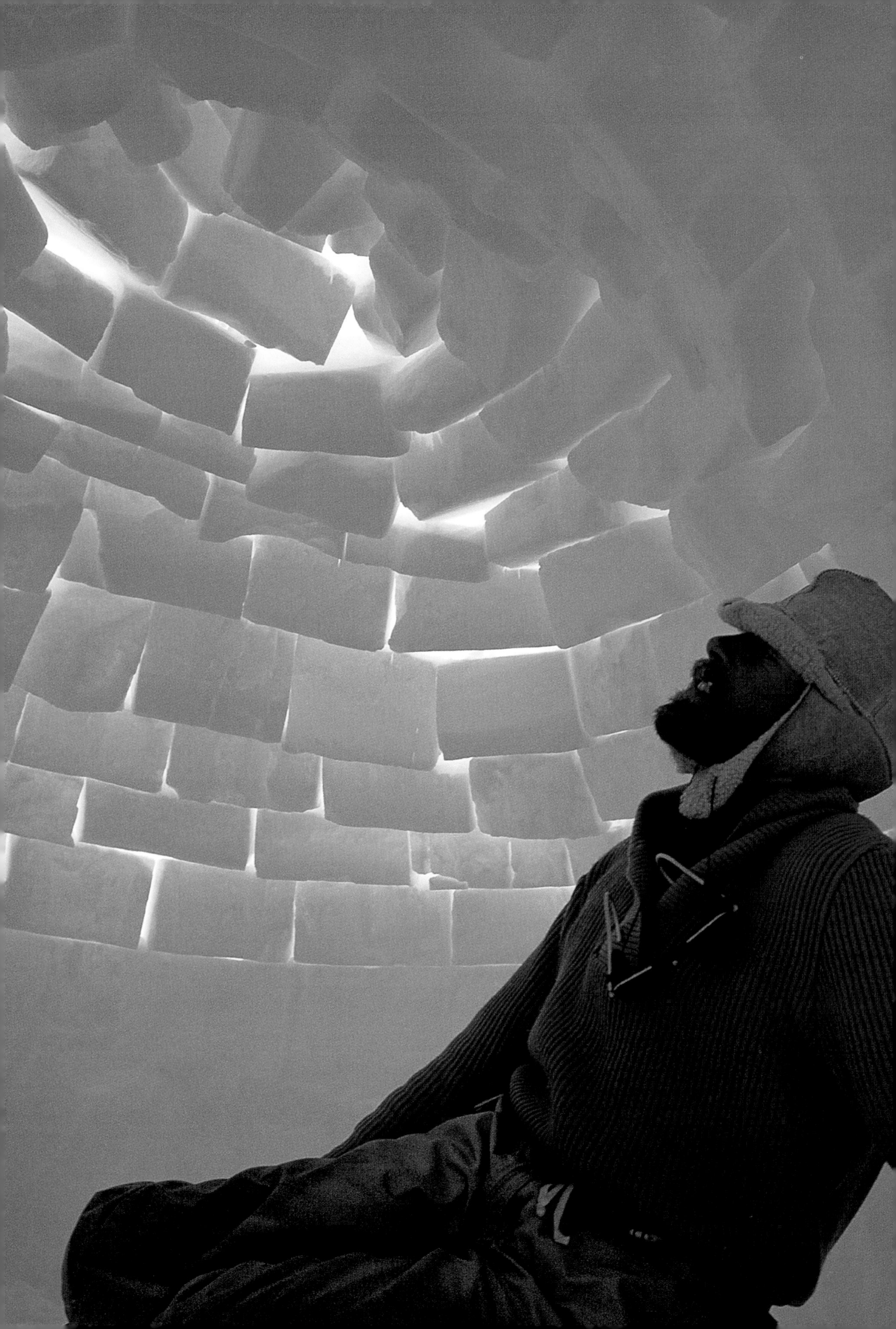

## 寒冷氣候的衣物

寒冷的天候是求生者的致命傷。濕冷及多風的狀況會持續的影響氣溫的下降，因此要帶足夠的衣物來應付不可預測的天候變化，特別是在海上及高山地區。

**最內層**－對吸汗層來說，聚丙烯或相似的燈芯絨纖維材料製成的衣物最佳，還可保持身體溫暖，而T恤是第二好的選擇。

**中間層**－質料的輕盈非常重要，最好是羊毛製的衣物或是質料好的絨毛衣，厚的棉製尼龍也可以。其它的選擇還包括絨毛織物，或類似厚絨毛的纖維織品。

採用穿衣層次的原則，多層衣物可將溫暖的空氣留住，有效的阻絕寒氣。藉由加穿或脫掉衣物你可以輕易的調整身體溫度的高低。

**外層**－防風及防水的，最好的材質還具有透氣效果，如Gore-Tex®的風衣，它會減低汗水的產生。

**四肢**－兩雙襪子（一雙薄的，一雙厚的）、手套、溫暖的巴拉巴法帽。約有**25%**以上的體溫會由沒有保護的頭部及頸部流失，其他**20%**則會經由腳及手部流失。

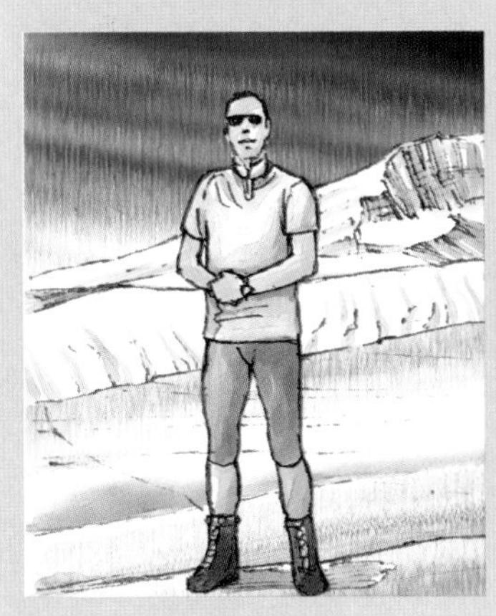

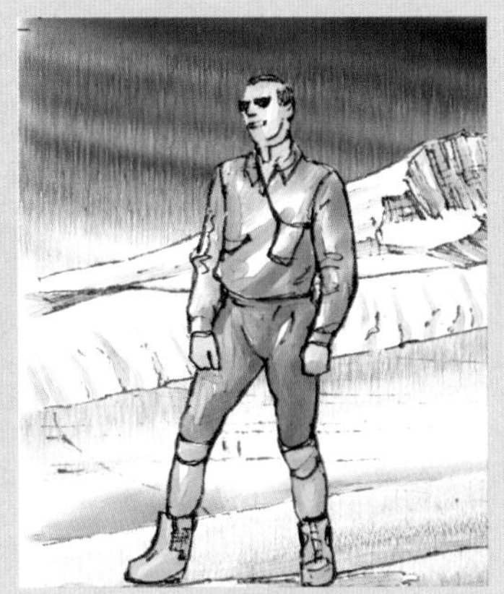

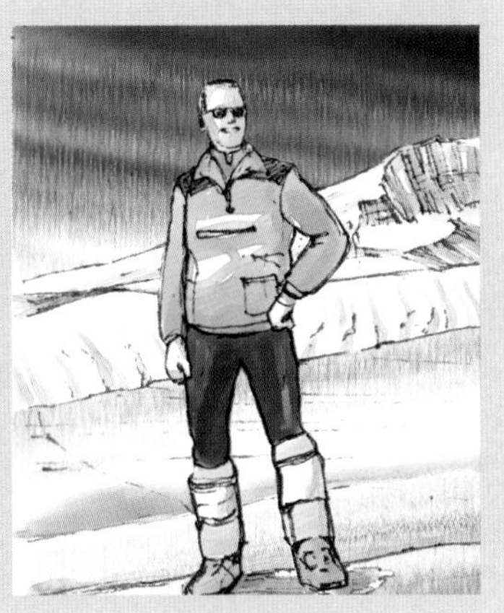

# 找尋避難所

你需要保護你的身體免受到太陽光、風及寒冷的天氣所影響。如果夠幸運的話，你可能擁有帳篷或在附近發現天然的洞穴、突出的岩壁、天然的凹坑。否則你就要搭建臨時避難所。個人安全與是否有遮蔽物是很有關係的，避難所不是只有提供身體上的保護，它也能增強一個人的求生意志力。

### 帳篷

一個質料好的帳篷可以在嚴酷的環境下使用。由於要能承受強烈的風速，所以如果將帳篷搭建在岩石、樹木、土牆或雪堆旁，就能利用它們做為天然的防風牆來固定你的帳篷。

還有在帳篷邊挖溝渠來排水，即使遇上大雨及大雪，應該也不是問題，也別忘了經常清除在帳篷上的積雪，不然雪的重量會壓垮支柱。

理想地說，營地的搭建必需遠離陡峭的山坡，也不可在可能會淹水的窪地中。如果你紮營在岸邊，儘可能避開任何會淹水的高度，在上游的雨水，到下游時會成為肆虐的洪流衝向你。試著把帳篷搭在樹林、岩石及樹木的下風處。當你在雪地上紮營時，要選擇避免搭在可能會發生雪崩的區域。

## 基本帳篷類型

a. **斜面式**－對重量有很強的支撐比率，因此在強勁的風力、下雪的高山上是很好用的。3到4根支柱的樣式比兩根支柱的更堅固。

b. A**型式**－也叫脊形帳篷。

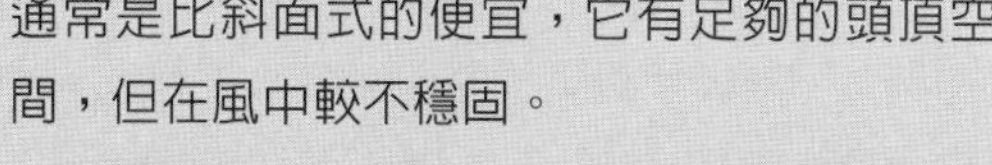

通常是比斜面式的便宜，它有足夠的頭頂空間，但在風中較不穩固。

c. **通道式**－比斜面式的輕便，也很穩固。但在下雪的天候不太好用。

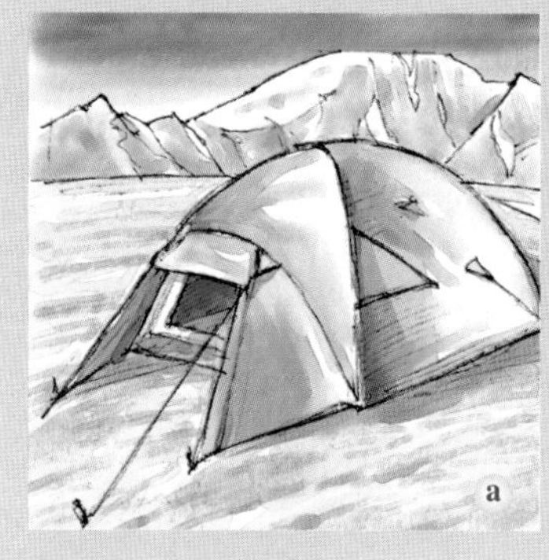


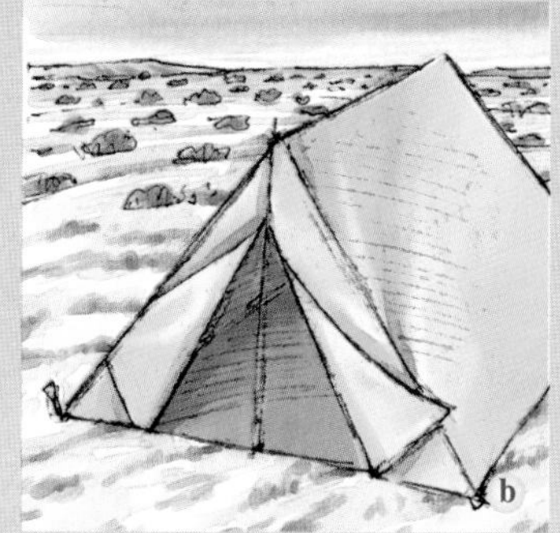


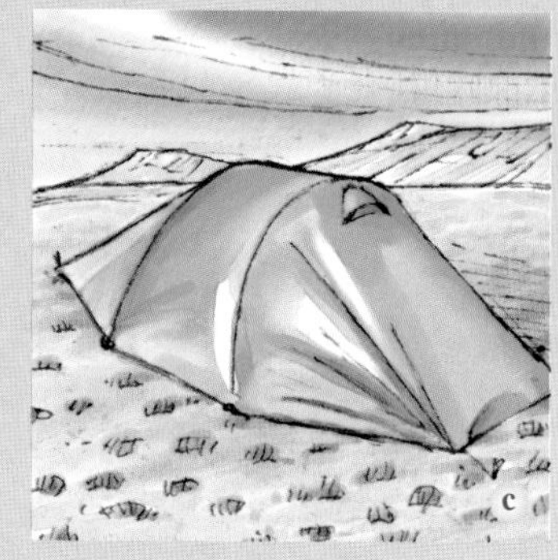


## 天然的屏障地形

**天然的凹坑** 在岩石下的洞穴及空間，是天然的避風處。可用樹枝及其它適合材料搭建遮蔽處頂部。

**圓木及倒下的樹** 傾倒的巨樹就是一個臨時避難所。利用在下風處的凹地清理出空間及舖上樹枝。

**舖滿雪的樹叢** 舖滿雪的小樹叢形成的凹地地形。藉由挖掘地上的積雪使空間加大。

**洞穴及深的遮蔽處** 檢查洞穴是否有動物或其它有害動物的蹤跡。用樹叢、樹枝或其它材料把入口和洞穴內其它的東西隔起來，但要確定空氣能夠流通。

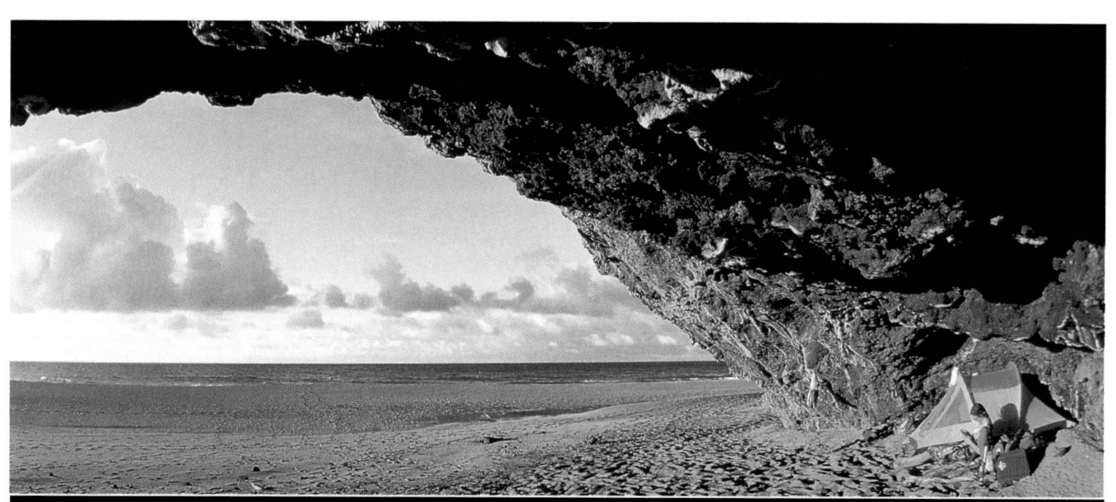

岩石遮蔽物能成為惡劣天候的避難所，同樣也可用來作避風用。

### 冰屋

可避風的避難所通常是優先考量的。一個雪造的避難所可以保持溫度穩定，不像在空曠處氣溫會下降的很快。救命的方法包括在雪中挖掘壕溝，及用地布或堆著雪的樹枝為材料搭建屋頂，或用雪堆或冰河鑿成雪洞。

### 搭建圓頂雪屋(quinze)

由壓緊的雪搭建的簡單雪屋（見圖示）：

- 用背包或其它工具堆成圓錐狀墊在雪下，然後把雪堆成一米高（3英尺）的金字塔形。每層再用5－10公分的雪壓緊（2－4英尺）然後冰凍20分鐘。
- 當圓頂高約1.5米（4英尺）及直徑2.5－3米（7－10英尺）寬，把短的棒子（或類似）插進雪中25公分深的地方（19英吋）。
- 挖鑿一個入口及清除中心的雪直到背包和工具可以拿出來，再將洞裡的雪挖到可以摸到棒子，最後從洞裡面把雪壓緊。
- 一旦進入裡面，以背包擋住洞口，可以保持溫度。

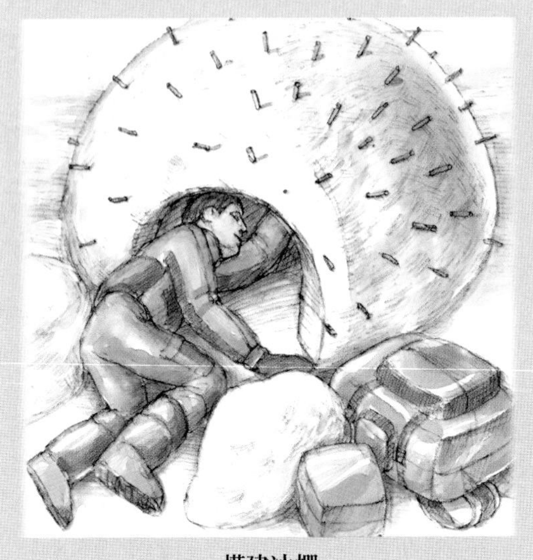

搭建冰棚

## 在沙漠中

乾燥的空氣，缺乏任何陽光隔離的屏障會使白日極度燥熱，而夜晚則是極度的寒冷。最優先考量的是搭建一個阻絕太陽光的避難處，使用帆布、地布、衣服或睡袋這些可用的裝備。 將立起來的樹枝搭起避難所，用石頭及背包當支撐使空氣能流入。如果你沒有遮蔽處，無論有多乾或體積有多小，藉由露出地面的岩石或是沙漠中的植物做為最基本的遮蔽物。說到挖掘，沙子是很燙的，但是如果你挖得很深的話，你就會接觸到冷的沙子。爬進洞裡，把自己用沙子蓋起來，隔絕皮膚曝曬於紫外線陽光下的風險。

這個方法也可用在晚上的禦寒，如果你有一塊布或帆布的話，可先把自己包裹在裡面。

若是你需要阻絕沙塵暴，讓背部面向風向，然後覆蓋你的身體。將一件衣服披在你的頭上，這會讓你有辦法在像針刺的沙風暴中呼吸。

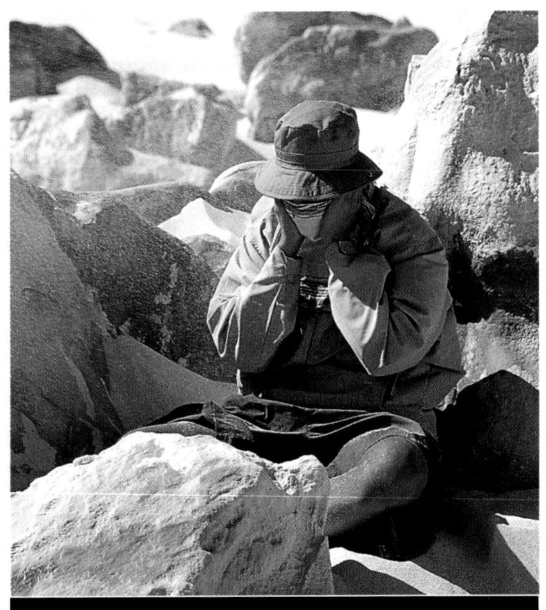

一條手巾、圍巾或一件衣服可以在沙塵暴中用來包住臉部，就能不吸入沙子的自由呼吸。

## 在熱帶及叢林中的避難所

所有避難所皆是利用環境中垂手可得的材料搭建的。你可以依照這裡提供的建議作一些修改。

### 印地安人的圓錐形帳篷

把六根長的柱子上端捆紮在一起，將它們立起來，然後把每一根柱子平均拉開，為每一根支柱挖鑿一個小洞來固定支柱及結構。使用帆布或其它材料把它覆蓋起來，如沒有其它東西可用，可使用小樹枝及葉子覆蓋。

### A字型架構帳篷

你可以用帆布、樹枝、樹葉或雜草搭建出防水的A字型架構帳篷。在溫暖地區，竹子是很好的架構材料。但是要很小心，因為竹子切開或分開時，分岔出來的小碎片很容易造成危險。

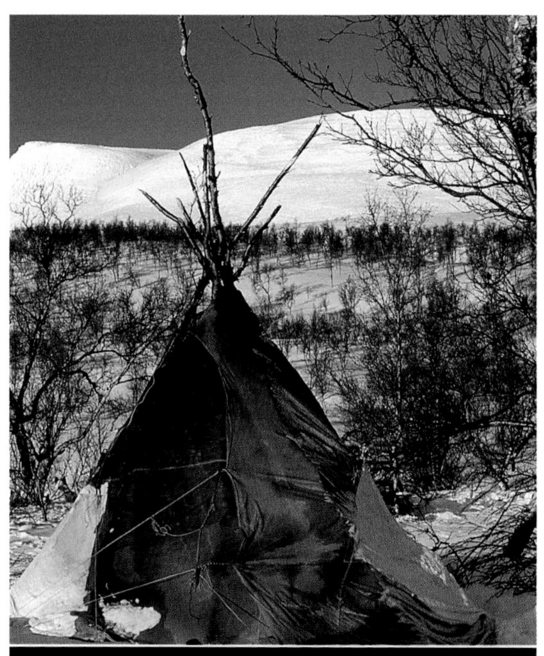

源自北美印地安人的圓錐型動物皮製帳篷。印地安人的圓錐形帳篷是最簡單的帳篷架構，而且至今還是很流行。

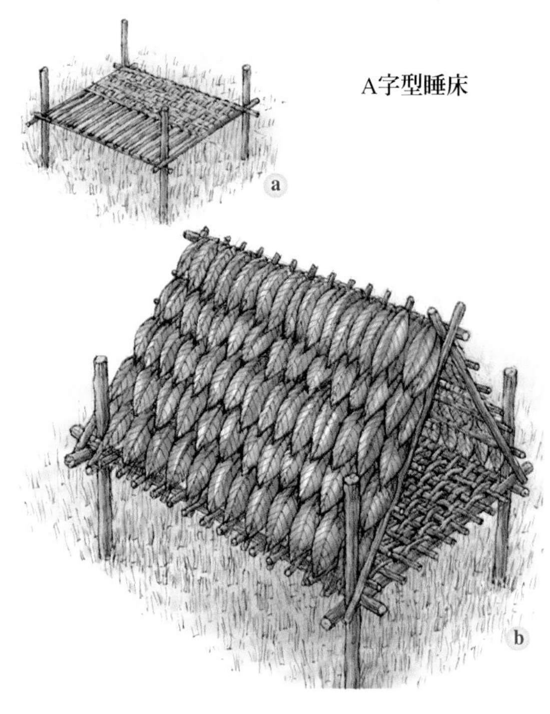


A字型睡床

### 睡床

最好把睡床墊得比地面高，這樣可以遠離潮溼及爬蟲動物。首先搭建4根直立的柱子，先將睡床基本的支撐支柱架構捆紮好，然後再加搭無數交錯的樹枝，鋪上樹葉或小樹枝做為臨時的床墊。把A字型的帳篷套上睡床的四個角落後綁緊它。

### 吊床

在第63頁的繩結可以用來編造吊床，特別是有人行動不便，或生病的團員需要臥床多日。吊床可以用來防止酸痛，它也很方便，因為可以使睡袋遠離潮濕的地面及爬行動物。在兩端各綁上一根木棍（一片板子或金屬也可）可以讓你不會被吊床捲起來。

# 飲水

飲水遠比更食物重要。我們可以好幾個星期沒有食物，但好幾天沒有飲水，身體的機能就可能會開始惡化。

在一般情況下，一個人每天所需適當的飲水約2－4公升（4－8品脫）。如果你發現快要缺乏飲水時，千萬不要假設自己已經即將得到救援，立刻把所有的飲水及飲料集中起來，然後限制定量飲用。

## 保存身體的水分

- 開始讓身體稍許有點口渴的感覺，這會讓你的的尿液減少及幫助身體把需要的飲水儲存起來。
- 即便在寒冷的天候狀況下，因為天氣乾冷，在呼吸時也會消耗水分。而用鼻子呼吸比嘴巴呼吸較不會消耗水分。
- 限制你的身體只做基本的活動以保持身體的水分。
- 在天氣炎熱的狀況下，試著把費力的事移到晚上做，儘量在白日躲進避難所。
- 避免吃乾、鹹的食物。

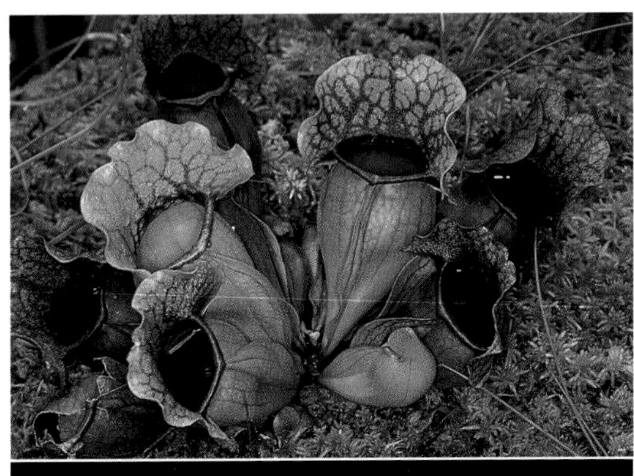

豬籠草在花及莖的部份皆帶有水分。

## 水的來源

### 環境

**雨水** 普遍來說是相當的安全，除了在火山爆發或火災之後。儘一切可能的方法來收集雨水，越多越好。

**從雪或冰融化的水** 冰比雪融化得要快一些，如果被迫使用雪，儘量挖深層的雪，因為是粒狀，也比較密實。海上的冰包含大量的鹽，除了年代久遠的冰（如冰山，冰山會呈現出藍色色調，很好認）。如果沒有燃料可以融化雪，把它們捏成球狀，這些雪球可以用防水的容器裝起來放在太陽光下或靠近你的身體，理想的是裝在黑塑膠袋中。把雪球放進去，再把融化的水倒出來。

### 叢林及熱帶

大部份的叢林及熱帶地區幾乎每天都會下雨，可以將大葉植物的葉子尖端綁起來，把雨水收集好後導向容器中。許多巨葉叢林植物會把水分存在莖部，例如一些大又漂亮的蘭花一樣。

棕櫚及香蕉樹通常把水存在它們的樹幹。把一棵香蕉樹的根部砍下來，在殘幹的部位以尖銳的工具挖一個碗型的洞，這個洞會慢慢的流出安全乾淨的飲水。棕櫚樹莖的水是最容易取得的，從花梗的頭砍下去，然後把樹枝折彎往下拉。椰奶是很安全的，但在成熟的椰子裡會含有瀉藥的成分，要小心飲用。

也可由竹子莖部取水，藉由在竹子根部砍一個洞，水就會由洞口流出。老的竹子通常含水量多，看起來較綠的是屬於年輕的竹子。

藤本植物（圓的，不是扁平的）也有可以喝的水，但要避開有乳狀液的藤本植物，因為它們通常有毒。在藤蔓高一點的地方砍一個洞，然後把藤蔓在低一點的地方切下來，這可以讓水流出來。

## 在乾旱的地方找尋飲水

在低窪地區找尋水源。像是在河床乾地往下挖掘；在曾是河流現在卻是堆積地的地方；或岩石裸露處挖掘，會比較容易找到水。

在高於漲潮的海灘邊挖掘，讓水能慢慢地流入，它會有些鹹味，但絕對是可以飲用的。

## 觀察動物及禽鳥

隨著動物的蹤跡或鳥類飛行的隊形（當要飛去找水飲用時，隊型會較整齊及有秩序）。大部份的動物及禽鳥會在一大早或下午時飲水，如果在下坡處有動物的會合蹤跡，這裡可能就是水源處。

大條的魚通常脊椎裡都存有水分，如果想要取得水，請小心清理內臟及背脊骨。

### 乾旱地區的植物

- ■仙人掌及蘆薈是非常好的飲水來源。
- ■植物的根通常存有水分。把它切下來然後壓碎，就能把水從根部擠出來，再用衣物把根渣濾掉。
- ■澳洲土著會在他們的腳踝處綁上草，然後趁著一大清早在有露水的草地上行走，用此方法來收集水。

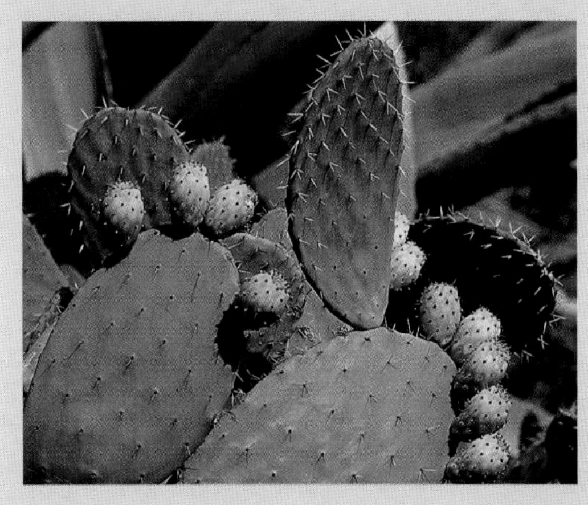

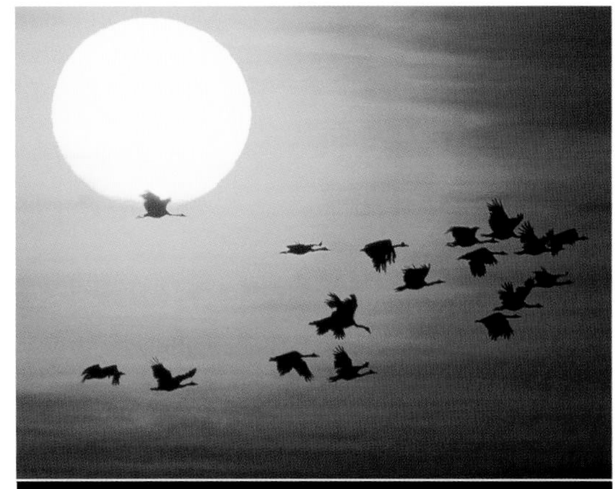

研究鳥類飛行的隊伍會引導你找到水源。

## 淨化水質

原始的山泉水幾乎是現代的神話。即使是世界上最與世隔絕的溪流，也會因人類對環境的輕忽而出現垃圾。人類常接觸看不見的微生物，如梨形鞭毛蟲及細菌和病毒。請注意下面的方法可以確保飲水較乾淨：

- ■儘可能靠近水的源頭取得飲水（山泉水或乾淨的融雪）。
- ■大部份攜帶式的濾水器不能完全濾掉細菌及微生物，特別是病毒。確定你要買一個100%可以過濾細菌的濾水器。
- ■在你把水濾過以後還要煮沸它，這雖是最好的殺菌方法，但也並不完全是這樣，特別在高海拔地區。如果燃料夠，在海平面的高度燒沸10分鐘，每一千英尺（300米）的高度就增加一分鐘的煮沸時間。
- ■在濾過及煮沸之後，使用淨化水藥片來做進一步的消毒，這會使飲水完全安全。（使用氯或碘淨化水藥片）。
- ■另一個較緊急淨化水的方法，是把家庭用的漂白水滴5滴到一公升的水中，然後放置45分鐘沉澱。或許味道會很怪，但應該是可以安全飲用的。
- ■把水裝在較淺的容器裡，然後放置在陽光下曝曬，這可以殺死很多病菌及病毒。

## 過濾水

淨化水的第一步是用好的過濾器把水中的雜質濾掉，不然就是用你的咖啡機濾紙、車子空氣濾淨機、手帕，甚至是衣服來過濾雜質。

如果你僅能發現泥巴而不是水，把它們用衣服包住，然後用手擰出水再裝到容器。任何一種含水的植物也可以用衣服包住擰出水。

你可以在沙地上挖一個洞，再用植物材料墊在洞中，一方面防止這個洞塌下來，還可以防止小動物從洞中取水。

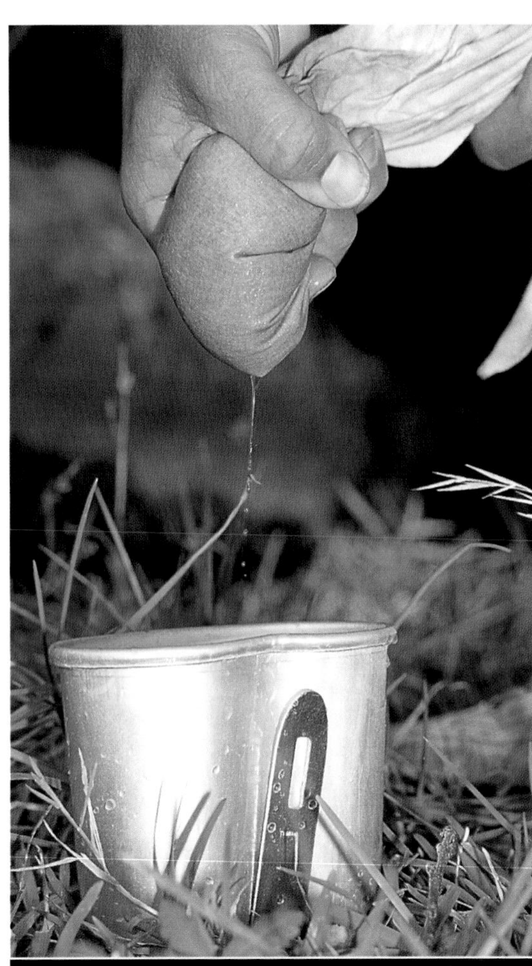

從包著泥巴或植物的衣服擰出水，但需要做進一步的淨化。

## 蒸餾成淨化水

一個好的蒸餾器可以用來蒸餾海水和其它有問題的水，就連受到輻射污染的水也可以成為較安全的飲水，不過除非蒸餾器是100%的有效率，（不大可能用於求生狀況），不然水是不可能完全乾淨的，而且還會有怪味道或看不到的微生物。

如果沒有很精密的淨化裝置，不論水看起來有多糟，飲用水前可以用石頭或沙來做過濾。任何疾病都有可能發生，但你可能在獲救後治癒，至少你不會因脫水而死。

## 蒸發的水

大部份的樹木及植物每日都會蒸散出（排出）水分，如同是一個水及食物的自然傳輸系統，好好利用這個唾手可得的水資源。把一個大的塑膠袋綁到一些葉子樹叢端，不需要把袋子撕破或封起袋口，而袋子的一角要吊得比較低才可以把水收集起來。

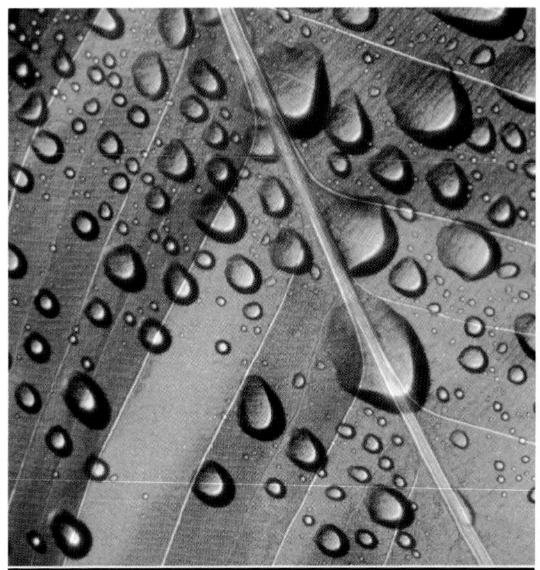

從葉子上收集到的露水是很好的飲水來源，許多其它的野生動物也是用此方法飲水。

## 太陽能蒸餾器

- 這是個利用植物蒸散出水分（排水）的特性來收集水的方法。
- 挖掘一個約**40**公分（**15**英吋）深，**50**公分（**20**英吋）寬的洞，在底部用葉子或植物來舖滿它。
- 把一個小容器放進洞中，這容器是可以用來接收水的容器。
- 將一片塑膠袋用石頭壓著，袋子伸到集水容器中，當液體聚集塑膠袋中，就會慢慢滴進集水容器裡。
- 另一個可行的方法，是用來濃縮及淨化海水。把小的集水容器換成大的，用來蒸餾海水。

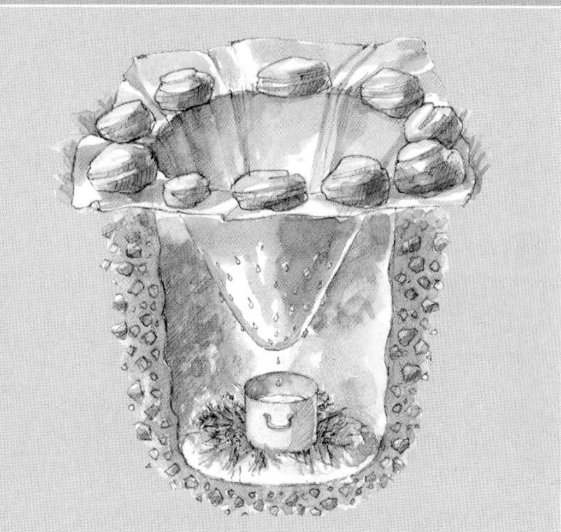

## 積極（蒸餾）型的淨化

有些蒸餾用具的材料是可以從毀損的車輛中取得的。任何斷裂或有接縫的管子可以用泥土或陶土把它們補起來，然後把這個管子當做是蒸餾管子。

- 將一個半密封的容器裝入要蒸餾的液體，然後掛在三腳架下，置於火堆之上。
- 一個蒸餾的管子從裝水容器連到蒸餾液收集器中。
- 冷的水（如海水，圖上方的容器）藉著滴進有夾克包紮的淨化管子加速凝結，讓淨化水的工作更有效率。

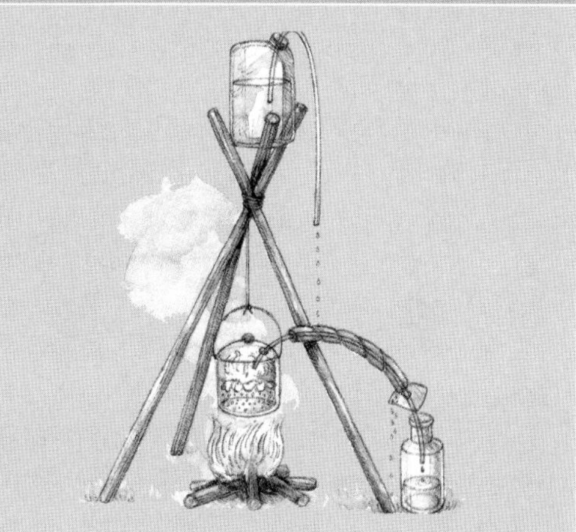

## 植物型的淨化

- 你需要一小叢的灌木或一堆剛剛才砍下的植物來做"袋子淨化"。
- 用一個大塑膠袋，將一小叢的灌木或帶有很多葉子的樹枝給綁起來。
- 如果你把植物切下來，將樹枝放進袋中，注意不要讓袋子傾倒，如果是圍著小樹叢的話，必要時把袋口封起來。
- 水會被收集在袋中的最下角。

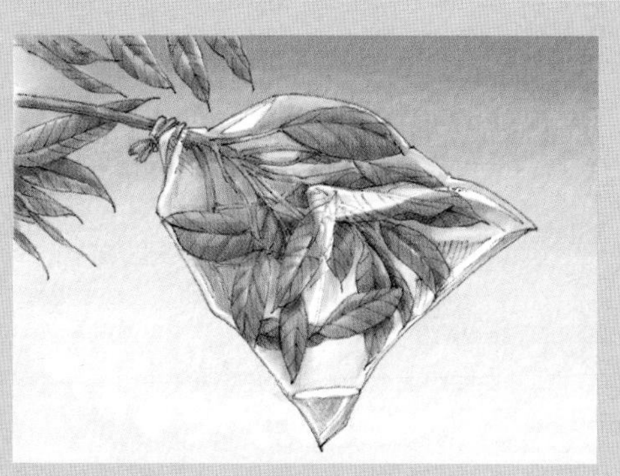

# 取得食物

人的身體似乎可以有很長一段時間不進食（最長的記錄是超過75天）。在求生的狀況下，食物必須要依最糟的狀況做定量的安排。有一些團隊就是因為不懂得做好計畫，在獲得援救前因而被迫面對了一段很辛苦的日子。

## 測試植物

■僅指定一個人來測試各種食物類型。

■分開測試植物的每一個部份。(根、莖、葉，等等)。

■**聞**：如果壓碎的食物聞起來像杏仁（鹽酸）或像桃子（氫氰酸），建議把它們丟掉。

■**皮膚的反應**：把壓碎的植物塗抹於細嫩的皮膚上(手臂內側)，**5**分鐘以後，查看一下是否有起疹子或燒灼傷。

■**嘴巴**：把植物放一小片在嘴唇以及舌尖上。咀嚼一小片後吞下去，注意是否有麻木、刺痛或燒灼的感覺。

■**吞嚥**：咀嚼一小片然後吞下去，等待三個小時，此時不要吃任何東西。在食物煮熟之後也要做同樣的測試，因為一些化學物質可能因此產生變化。

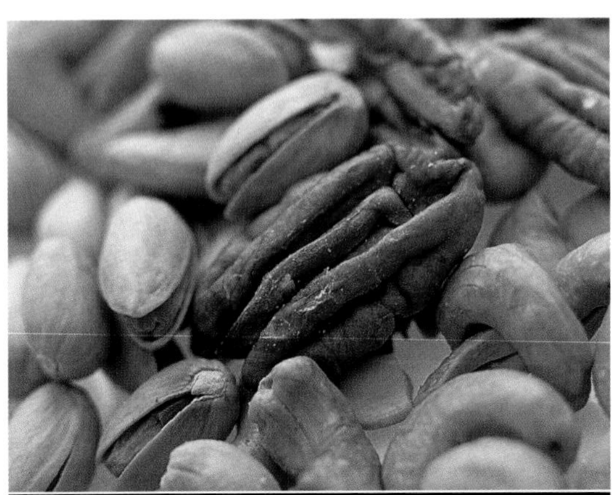

堅果類的食物在荒野中是最安全的糧食來源。

## 從植物找尋食物

**棕櫚樹**－椰子及其它棕櫚果子還有嫩莖或枝葉皆是可食用的。

**松樹**－松樹上的毬果是很可口的，像堅果的食物來源。樹葉煮一煮可以用來當茶喝。

**苔蘚**－它也是安全、無毒的食物，需要煮軟它以便食用，也可以煮成湯喝。

**海萵苣**－雖然有一些海帶會造成胃部不適，但一般沒有真正具有毒性的。全世界海邊常見的海萵苣及海草皆是安全有營養的食材，把它們洗一洗，然後再煮熟它，剩下的湯汁是不錯的湯底來源。

**堅果或類似堅果的果子**：這些是非常好的蛋白質來源。堅果很少會有毒或是有害的。

**蕨類植物**：很多的蕨類都可以吃，特別是長在北半球的。除了最常見的品種，成熟的歐洲蕨(Pteridium aquilinum)是有毒的。歐洲蕨只可以吃嫩的部份，就是那些緊緊捲起來的葉子，在你要吃它們之前，先把上面會刺人的毛清除乾淨。

## 動物也是食物的來源

人類可以完全以蔬菜來維生，這通常是最易取得的。值得注意的是，猴子（不是猩猩）吃的東西，人類通常也可以吃。但其它動物及鳥類吃的就不是如此，許多動物所吃的植物種籽對人類有害。

除此之外，你可能要用動物來當食物。小一點的動物（包括昆蟲、蛆、海洋無脊椎動物、軟體動物及爬蟲類，還有魚及鳥類）是較容易被接受的食物，而且比其它大的動物容易捕抓。蛆，在死掉的動物屍體中，或腐爛的樹中皆可發現，炒過以後吃起來像花生。

一定要避免顏色鮮豔的動物，因為有一些是有毒的。

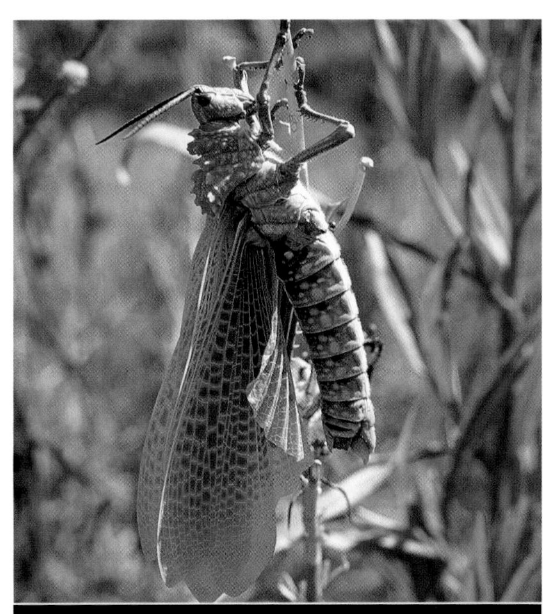
建議把無脊椎動物的翅膀、腳，及硬殼拿掉，這樣會更美味。

## 動物模式

動物是有習性的生物，有既定的吃喝習性，和固定的住處及窩可以很容易的追蹤。從通道到小樹叢中可以察看它們的蹤跡，以確定牠們的活動路線，然後判斷是何種動物和大小、數量等等。在動物經常活動的路線或住處中捕抓牠們，要比在開闊的曠野中容易得多。在較寒冷的地區，如果發現冬眠動物的躲藏處，便可以很容易抓到它們。

除了蟾蜍，小型爬蟲或兩棲動物都是可以吃的。有些在皮膚的腺體上會分泌有毒的黏液，所以要把它們的皮剝除掉。蜥蜴、壁虎還有蛇是不錯的食物來源。至於蛇，把它的頭到嘴後的部份切下來，這樣可避免接觸到有毒的黏液。

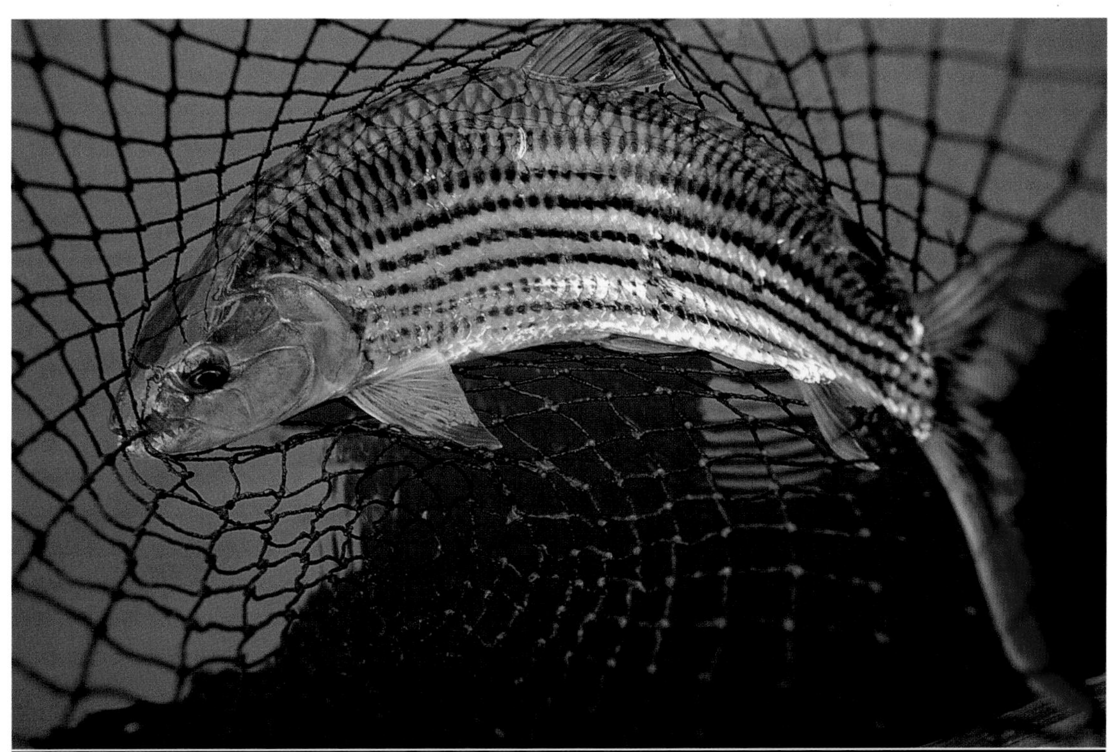
一些魚的種類，牠們的皮膚上會有有毒的黏液，在煮食前先把黏液洗淨，或用沙先搓洗牠。

## 陷阱及捕抓器

這個章節的目地不是鼓勵人們在非求生的狀況下，到野外設陷阱及捕抓器來捕抓小動物。在搭設陷阱及捕抓器之前，如事先獲得如何搭建陷阱的知識，對求生狀況是很有幫助的。如果你在練習時，不小心抓到小動物，請試著避免傷害牠，並儘可能的把牠放了。而在你離開前要把陷阱及捕抓器拆除。

陷阱及捕抓器可以用不同的材料來搭建，也可以設計符合自己需求的陷阱及捕抓器。

收縮的金屬線、細繩或線可以用來搭造許多不同類型的陷阱。如果你沒有現成的陷阱，你可能需要做一個倒下式的陷阱、洞穴或平衡式陷阱。平衡式及收縮的倒下式陷阱需要很多耐心來搭建。儘可能放置你要誘捕的動物所喜愛的誘餌在陷阱中。

因為要搭設陷阱，所以需要增加體能，使得對於食物的需求量也大大增加，因此你必須決定是否應選擇搭設陷阱這個方法。當搭設陷阱時請務必小心，有很多人在搭建陷阱時，自己反而落入陷阱之中，而不是捕捉到他們想要的動物。

### 簡易環狀陷阱

■把一個平滑、較硬的尼龍繩或線圈做成一個小孔狀圈（由上手環結做成亦可）。

■把尾端穿過到小孔狀圈然後固定起來。

■這個捕獸圈的直徑須與被捕物的大小符合，並且能容易的收緊。

■使用樹枝來支撐捕獸圈。

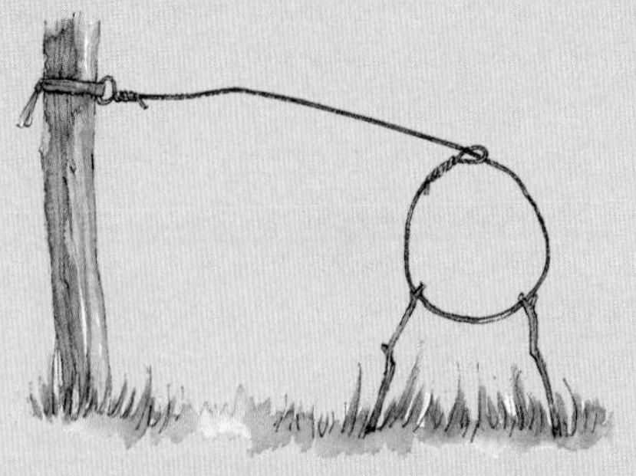

### 倒下式陷阱(Deadfall trap)

■把細繩或線繫在一個有誘餌的觸發器。

■當動物來吃誘餌（或走進拉緊線區），它會把陷阱拉下來。

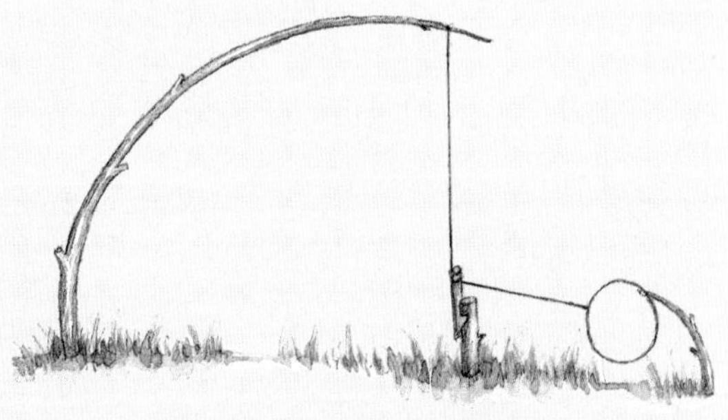

### 固定在地的彈簧式陷阱

■將一個簡易圈套繫在樹枝或樹木上。

■把觸發器固定在一枝短、直的木樁上。

■將繫在可收縮彎曲樹枝上的環圈固定於觸發器上。

■當觸發器被觸發，圈套會馬上向上移動及緊縮。

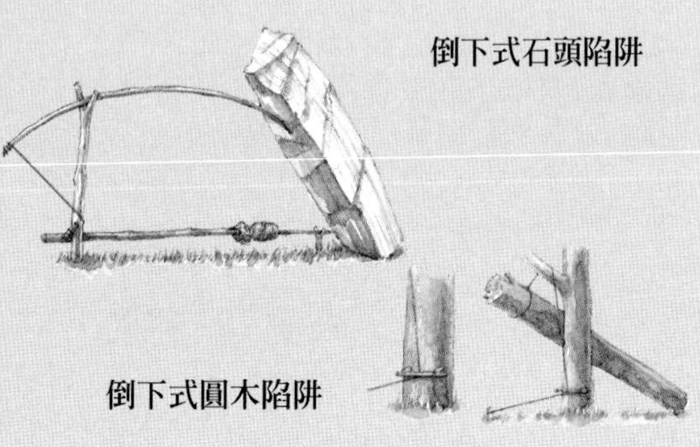

## 狩獵的武器

### 彈射器（彈弓）

使用有彈性的材料如塑膠帶子、衣服的鬆緊帶來製作彈射器。一個在喜馬拉雅山上非常饑餓等待救援的人表示，如果他當時能想到製作彈射器，他就可以把鳥射下來當食物，因為他的背包裡有許多可以用來做彈射器的材料。

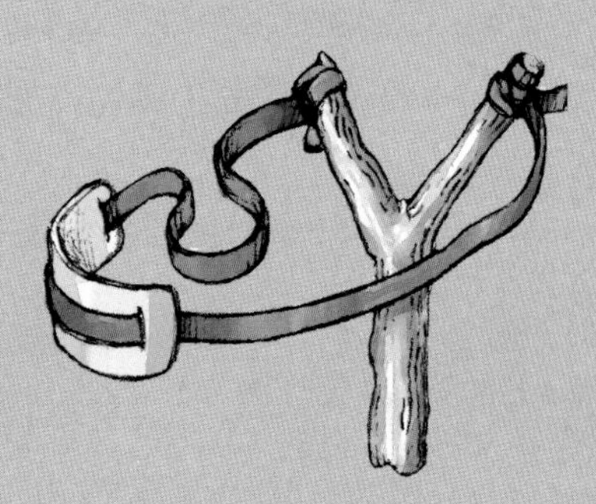

### 彈弓

這個比做彈射器容易，只要多加練習。使用光滑的石頭，把彈性帶扭轉起來，高舉過頭瞄準你的獵物，放開彈性帶往獵物方向射去。確定沒有人靠進你，因為你可能會失手而射到別人。

### 矛

矛可以用來獵殺鹿及羊這類大隻的獵物。把刀片或一片尖銳的金屬綁到一端讓它更有效率，以彎曲不須站立的姿勢把矛擲出，因為用站立的方式投擲會讓動物警戒起來。

### 弓和箭

弓和箭可能是最有用的武器，因為可以遠距離的使用。雖然它要花很多時間來製造，但是非常好用。

**製造弓**

1. 選擇一根堅硬、有彈性的樹枝（如較年輕的雲松、西洋衫或桉樹）然後在樹枝的尾端刻一個凹口。
2. 在樹枝的兩端皆用線拉緊綁起來。
3. 在尾部的兩端用線捆緊。
4. 把箭拿來試一下弓的長度。

**製造箭**

把一支直木（60公分，24英吋）的一端削尖，然後另一端刻一個凹槽。一根長的帳篷柱子、燃料或煞車線也可以用，把一端刻一個凹槽然後將另一端削尖或繫上一點葉片、羽毛、堅固的塑膠片、硬的葉子或紙張，然後綁起來，這可以用來增加箭的力道。

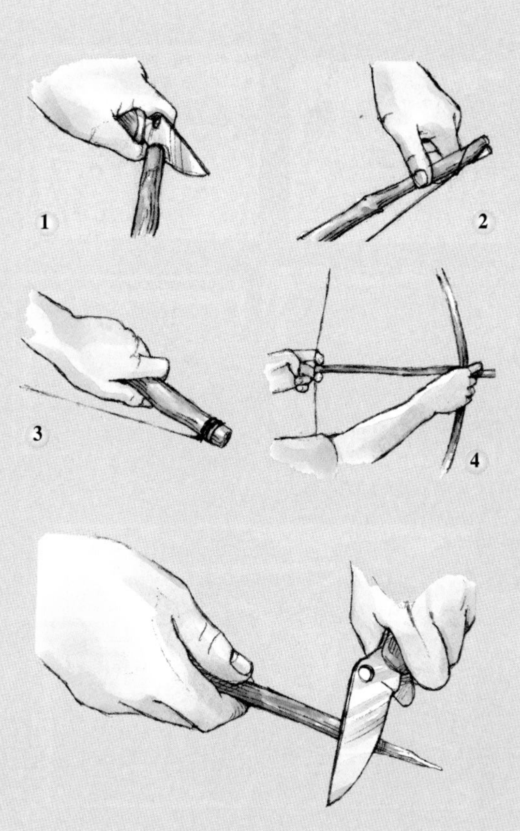

## 捕魚

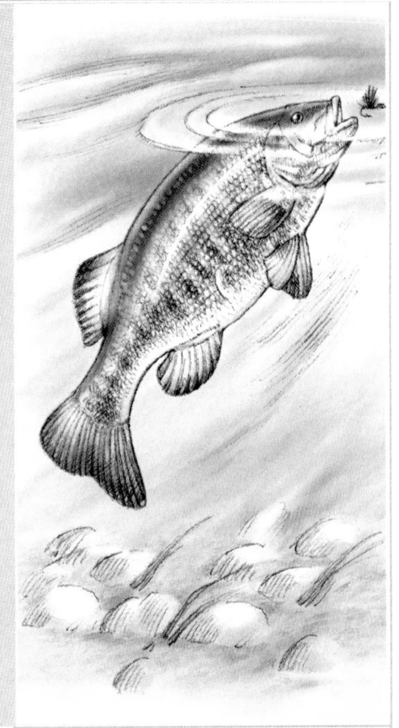

魚是重要的食物來源，它擁有高蛋白成份及大量的脂肪，維他命及礦物質。所有的淡水魚及大部份的海魚都是可食用的，只是味道上的差別而已。

海魚會被任何會旋轉的旋式誘餌及有閃光的東西所吸引。大部份的魚鉤可以繫在很長的釣魚線上，這可由船尾處放到海中釣魚。許多的魚也會被船的陰影所吸引，這些魚會在船邊游來游去數個小時。

在煮食前最好先去掉魚鱗及魚骨，而小魚就不用這麼做了(如沙丁魚及小魚)。如果魚的皮看起來有黏液在上面，可以先用沙在魚的皮膚上搓磨，把所有的黏液都去除，然後再洗乾淨。

一些普通的海生鯰魚在魚鰭上的刺具有毒性，如熱帶的引金魚、石魚、鮋魚及斑馬魚。有些暗礁魚，包括刺魨及河豚，劇烈的毒素還有致命的危險。一般而言，應避開暗礁魚類像是有鸚鵡鳥嘴或外表有黏液的魚。

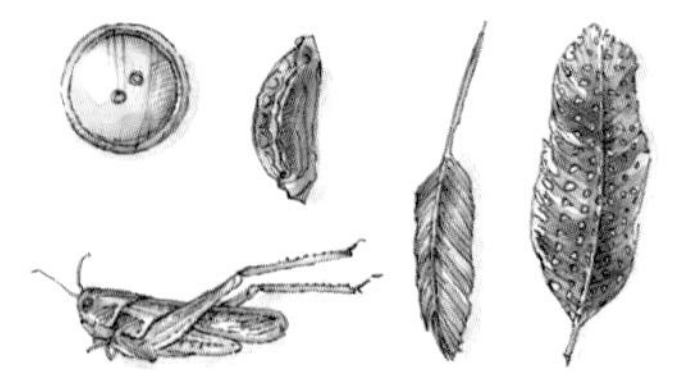

魚餌可以用鮮豔的材料來做（羽毛、塑膠、鈕釦、衣服或雕刻的木板）再加上會有閃光的金屬片或塑膠片。活的小昆蟲及無脊椎動物是很好的魚餌，釣線可以用手或船拉住。

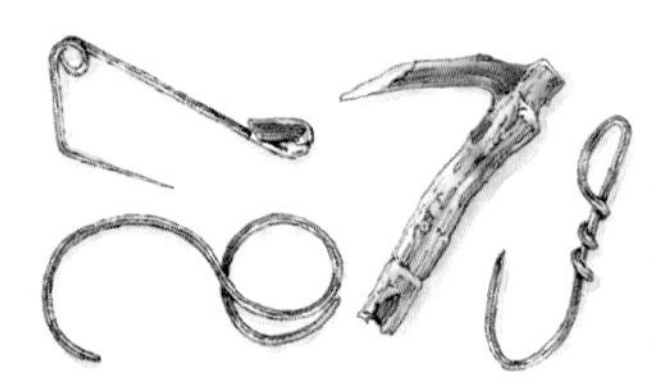

臨時的魚鉤可以由鑰匙、金屬線、安全別針、樹枝或刺所做成。把它繫在有凹槽的木頭或金屬上，用銼刀或用石頭把魚鉤磨利一點。

## 有用的釣魚裝備

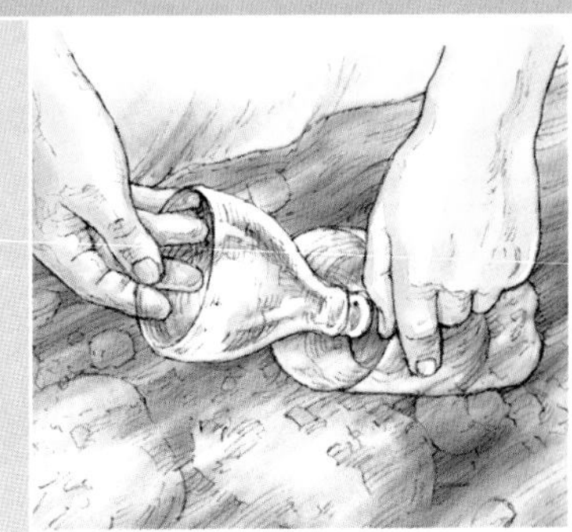

### 捕魚陷阱

陷阱可以放好後就離開，稍後再來檢查。

### 瓶子陷阱

把一個塑膠瓶從瓶頸處切下來，再把切下來的部份反過來塞回瓶中，然後將魚餌放進主陷阱部份，當小魚游進陷阱後就出不來了。

### 樹枝陷阱（Twig Trap）

漏斗形陷阱由兩件式所組成：外圍是一個長形的漁網，內層則套上一個小型的內圈漏斗形陷阱，這是由綁在一起的樹枝及防止魚逃脫的麻線編織網眼所製成的。較小漏斗陷阱只連到圓錐形出口，那裡有尖銳的刺來防止魚經由縮起的入口回游。

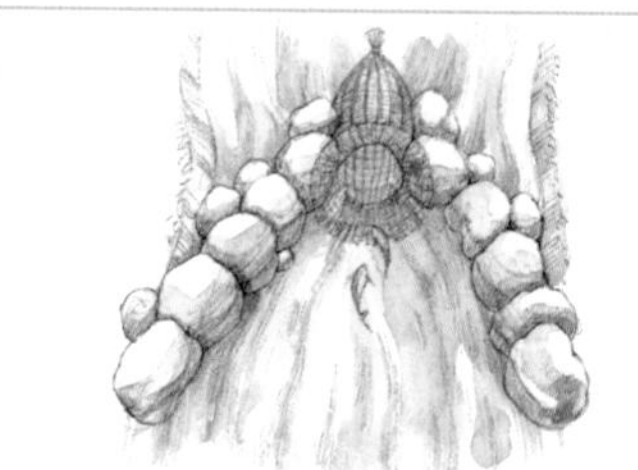

### 襪形陷阱（Sock trap）

這個陷阱是用襪子及金屬線或塑膠瓶的瓶頸製成的開口式陷阱。將腐臭的魚餌（甚至是動物的內臟或糞便）放在襪形陷阱裏來誘捕鰻魚。

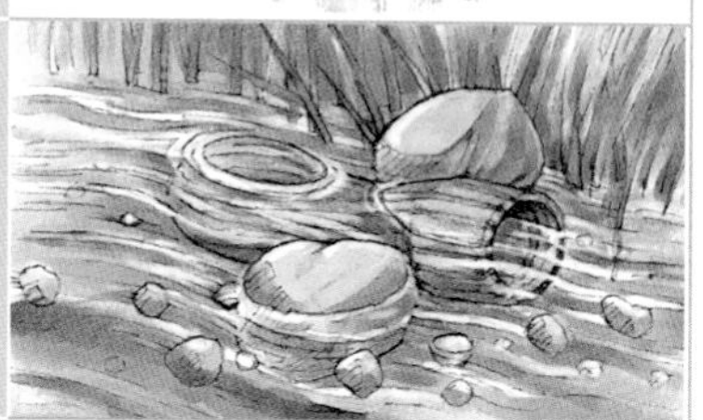

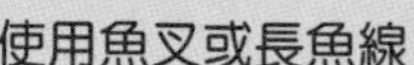

### 使用魚叉或長魚線

先把魚叉倒鉤部份潛進水裏，然後用魚叉快速地出擊。因為水折射光，因此要瞄準在比你看到的魚要低一點的地方。你可從堤岸或小船上，懸掛著數條繫上魚餌的長短釣魚線來抓魚。

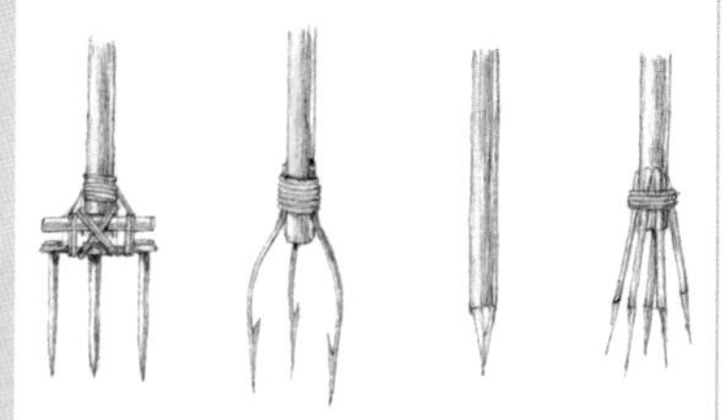

### 冰洞和釣魚竿

在非常冷的區域，水的表面都結冰了，在堅固的冰上挖一個冰洞，將掛上魚餌的釣魚線丟入冰洞中釣魚。

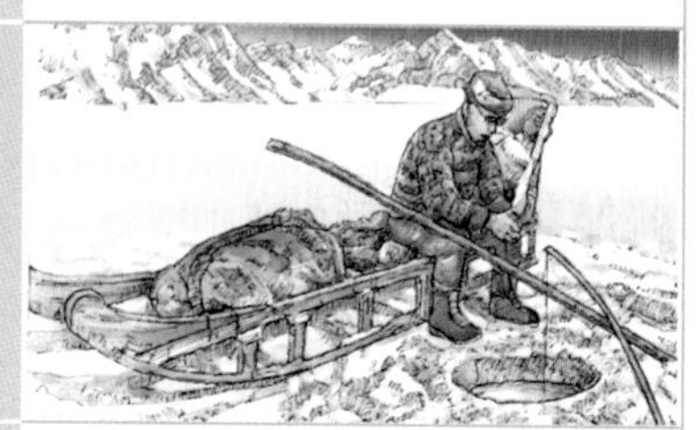

### 編造繩結

繩結有許多用途－捕魚、採集食物、編織吊床或細繩、繩索等來使用。理想的繩索不應太細，降落傘繩甚至是絕緣電線都是不錯的選擇。最簡易的繩結是編結成網（請看圖示）。

- 牢固的上方繩索（可用兩條細繩）懸吊於兩根柱子中。
- 把分開垂下的繩索用套結編結在上方的繩索。
- 把鄰近垂下來的繩索依序綁在一起，使用交腕結來編結成網。

完成結網是把垂下來的兩條繩索使用丁香結（請看69頁）或是繫木結一起綁到牢固的下方繩索上。

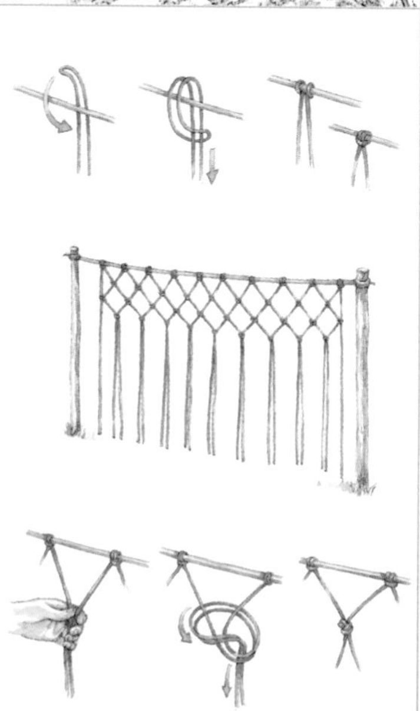

# 火及起火

火對團員的身、心理健康會造成非常大的變化，關係著生與死。如果你有打火機或火柴，起火是很簡單的，而防水火柴還是最好的。如果你已經有火了，試著讓它不停燃燒。如果已經熄滅了，雖然再起火也不是完全不可能，但有時會變得非常困難，因此在野外時要準備兩種以上的起火方法。

要非常注意在哪裡或如何起火，因為它很有可能會失控。

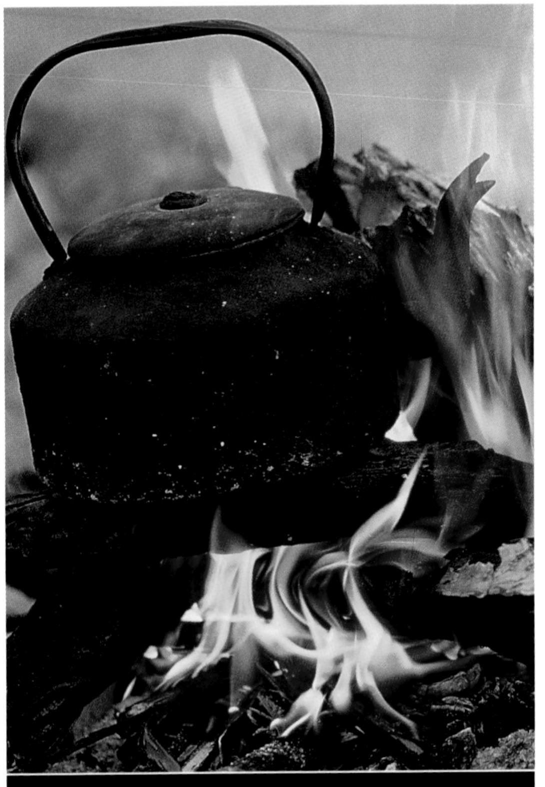

在風很大、寒冷或下雨的天候下使用很少的材料點燃火是極度困難的試驗。當你處在絕望的狀況中，試著保留最微弱的火花，還有不要因爲添加燃料而使火熄滅。

## 起火的材料

**火種**－任何乾的、小的、易燃的材料如紙、苔蘚、樹皮、乾的葉子、乾的草、動物的糞便或菌類植物皆會引起火花幫助起火。打碎或碾碎起火的材料，這樣小的碎片才可以快速引燃。把尼龍或聚酯的衣料撕下來，也可以做成很好的火種。

**引火物**－小樹葉、柴枝及乾樹皮可以在起火之後加到火裡，小心翼翼的放進去，直到火明顯大起來。

**主要燃料**－為防止火被悶熄，要逐漸的加進燃料。小柴枝需要先加進去，當火慢慢大起來才把大樹枝或圓木加進去。太綠的或濕木頭會使火熄滅。

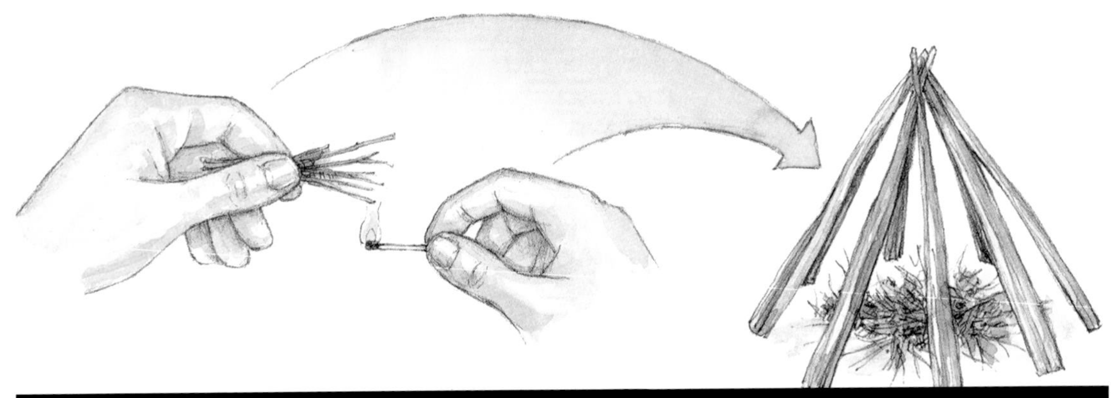

把一小把的火種點燃起來，放到金字塔形的樹枝下。

## 替代的燃料

許多的東西是可以燃燒的，特別是燃油、塑膠、橡膠及衣物。但有些材料，特別是塑膠，會產生有毒氣體，因此除非迫不得已，把它當成最後的選擇，而且要在通風良好的地方使用。

把油及汽油倒進裝有沙子的容器，點燃後它們會慢慢地燃燒。若是油和柴油、汽油混在一起時會很難燃燒起來。

油壓液油及防凍液同樣是可燃的。有個懶人法就是用氣霧劑罐中噴出燃料點火，它的成分是可以燃燒的。

## 沒有使用火柴及打火機的生火

下列方法值得一試，但不太容易：

- 熾熱的陽光透過放大鏡或強化玻璃來聚焦也可以點火。如果望遠鏡和照像機壞了，它們的鏡片也可以用來聚焦。
- 使用一片硬的鋼鐵或兩顆燧石互相撞擊可以使燧石產生火花，被擊起的火花需要馬上放到火種上，這樣就可點燃火種了。
- 鎂磚可燃性高而且可以在戶外活動專門店買得到。從鎂磚刮下來的碎屑是非常好的火種材料。
- 車子或其它大的電池（即使是電燈電池）可以產生火花來點燃火，特別是鋼絲絨或一捲薄裸線。

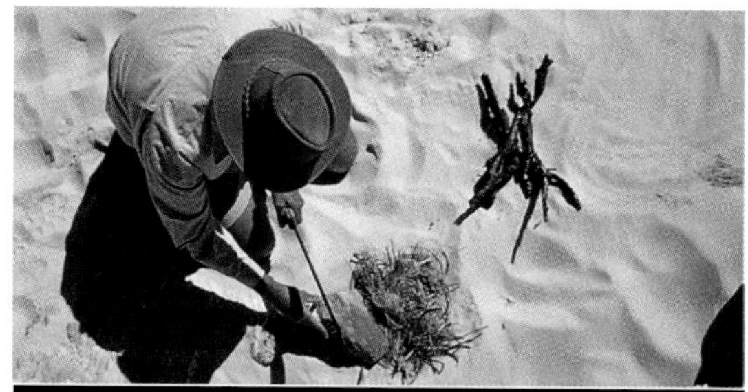

用刀子擊向石頭也會產生火花，可以把火花導向非常乾燥的火種點燃火堆。

### 不同類型的火堆

除了金字塔形的火堆，還可以利用燃料讓火堆更有效率，也比較不危險。注意：石頭可能會在燃燒的火中裂開或爆開，尤其是溼了及滲水的石頭。請注意會飛的石頭，因為它可能造成嚴重的傷害。

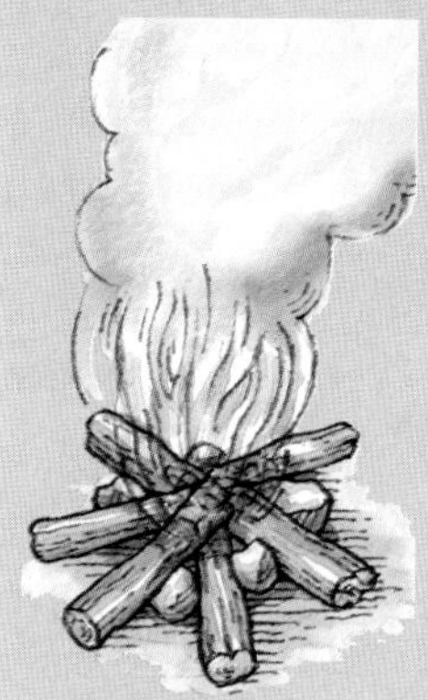

**星形火堆**－以圓木排成圓形，把火圍在中心，當中間燒完了，再把圓木往內推。石頭可以放在每個圓木之間，以便成為煮飯架鍋子的平台及把圓木固定住。

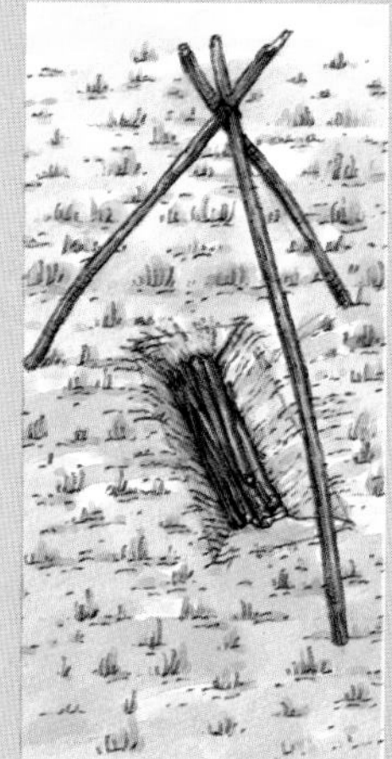

**溝形或坑形火堆**－把燃燒的材料放進遮蔽處，這種火堆非常適用於強風時，同樣可以減少火花飛出。要增加通風，把一大塊的石頭放在火堆底層，火堆則置於上面。一片到多片的遮風板可以把熱氣導向你或你的團隊。

**錫罐或游民式的火堆**－在一個大錫罐的底部附近打洞後，將靠近底部的地方剪下一塊，將這個部分往回折。這樣可以把燃料送進去，也能幫助燃燒更有效率。

洞可以打在上面的部份或剪一個像是碟片的洞來放置水壺。錫罐則是放在排成圓圈的石頭上。

## 準備食物

大部份的食物要事先清理乾淨，這不僅讓它吃起來更美味，也可把有毒、有害的成分清除掉。在真實的求生狀況中，當你食用動物時，可能會將平常把它丟棄的部位也吃掉。事實上，很少有不能吃的部位。

在很多的例子中，食物並不一定要煮食，因為煮食會破壞重要的營養素如維它命C。但是，烹煮後會讓一些肉的肉質更嫩，也會讓植物的纖維軟化，使食物更佳美味可口，還會殺死微生物及寄生蟲。而有些植物在煮熟後也會把有毒成分（如太成熟的馬鈴薯、蓖麻及韭蔥）中和。

真實的狀況下，你可能被迫吃生的食物，其實人類的身體是可以接受生魚這類東西，以你所知的一切方法來準備食物。

## 保存食物

為了避免糟蹋食物，要把吃不完的食物曬乾（擰乾）或醃漬在泡菜水裡。

- 肉或魚要先煮食、煙燻，或保持乾燥以便保存。用一個三腳架把兩邊都圍起來，下面用火堆煙燻，就是一個簡便的煙燻房。
- 把肉切成薄片，肥的部份切掉，然後用棒子串起來或掛在架上。
- 用鹽巴塗抹在肉上能幫助保存食物。（但可能會造成口渴，特別是當飲水不足時）。
- 檸檬及萊姆的檸檬酸對醃漬肉類、魚及蔬菜很好用。用1：1比率的果汁及水來醃漬。
- 使用高濃度鹽水也是不錯的食物保存方法。把馬鈴薯塊莖，或洋蔥放進濃鹽水中直到浮起來，就能保存得比較久。
- 用煙燻或曬乾水果及蔬菜薄片來保存食物。
- 在你想要煙燻或曬乾苔蘚及海帶前，必須要先煮過它們。一旦曬乾以後，把它們磨碎來當調味品用。
- 陽光曬乾法只能在乾熱的天候下完成。

## 熱食

如果你需要煮飯但你沒有煮食器具，不妨直接放在石頭上煮食。這些石頭可以直接放在火上，當要用時再移過來，或直接在石頭邊起火。當火燃燒起來，此時可以把石頭清乾淨，然後再開始煮食。你也可以把食物用無毒的大葉子（請看Pg58，可食用測試）包起來煮食，然後把泥漿塗在葉子上，再將泥包三明治放在木炭堆上，儘可能在上面放很多的木炭。雖然這是較慢的方法，但也是很有效的方法。

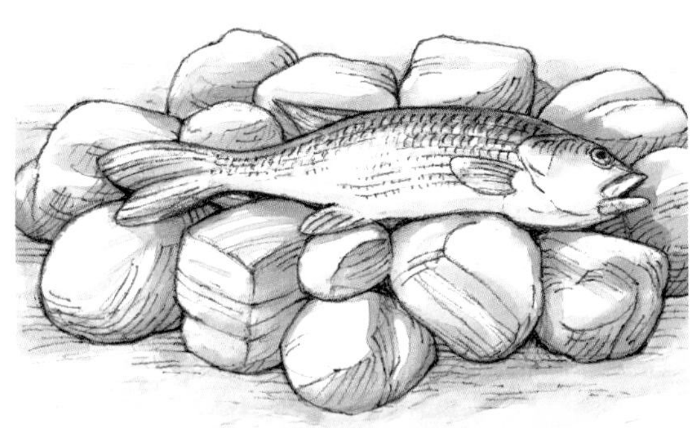

石頭可以保溫，用來慢慢地煮熟食物。

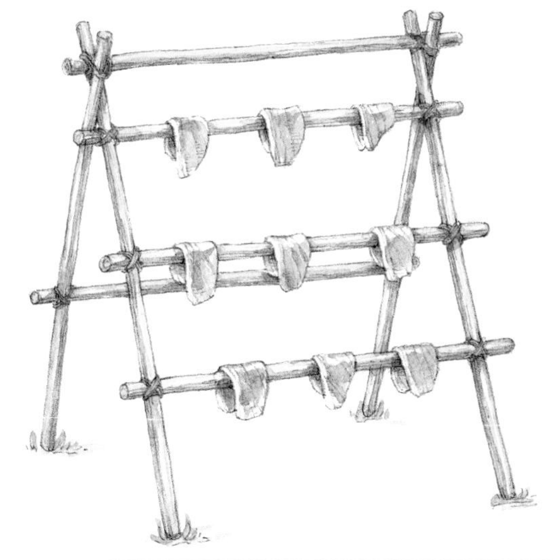

魚和肉的薄片可以用臨時的曬物架來曬乾。

## 露營的小爐具

**標準露營小爐具**－對輕便的露營之旅，它體積小而且容易使用。在高海拔時如果使用一般燃料是無法完全燃燒，但若用丙烷、丁烷的混合燃料，就連在埃佛勒斯峰也可以燃燒。燃氣充填筒在移除時應該是空的（千萬不要把它丟進火堆裡），也不要在臨近有火的地區更換燃料筒。

**可替換燃料罐的瓦斯爐**－這種瓦斯爐是使用可攜式燃料罐燃燒的。

**甲基爐**－這是使用甲基丙烯酸酯助燃劑或酒精（許多地區稱為烹調酒精）做為燃料的爐具。大部份是可收起的小型瓶裝、罐裝及有擋風功能的包裝。

**多種燃料爐具**－以汽油、苯、煤油還有酒精做為燃料，它們是喜怒無常的，也就是說它們可能會突然發怒或像是被困住的噴射機一樣。最聰明的方法就是不要在帳篷，或幽閉的環境中使用這種爐具，因為加壓系統不是那麼的穩定，特別是在長時間使用之後。

在許多地區（如非洲地區及東歐國家），小的瓦斯筒或特別燃料可能無法購得。

燃料都是有毒的，而且都是高度易燃。最好的容器是鋁製而燃料罐上了螺絲的蓋子。把燃料罐用永久性筆作記號，或在標籤上塗上一層透明膠保護（最好是警告標記），才能清楚的區分水及燃料。

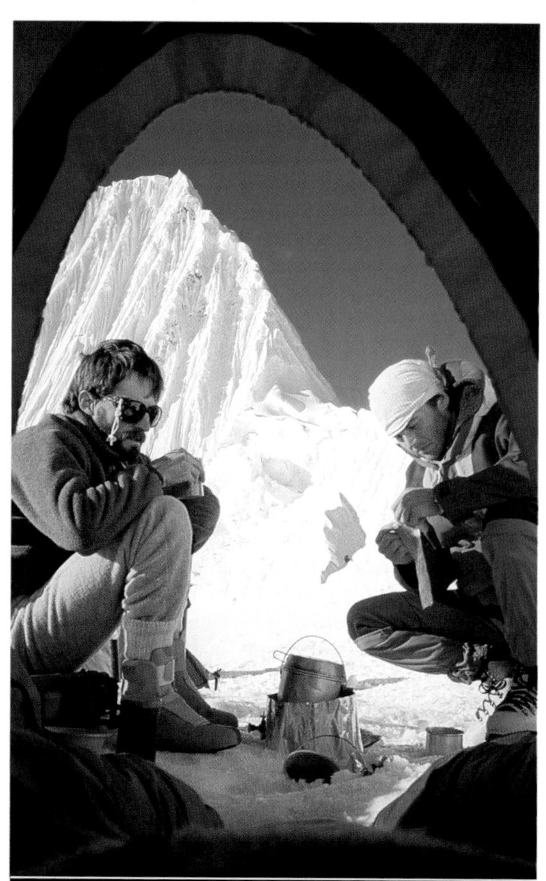

熱食及熱飲會使身體的溫度升高。

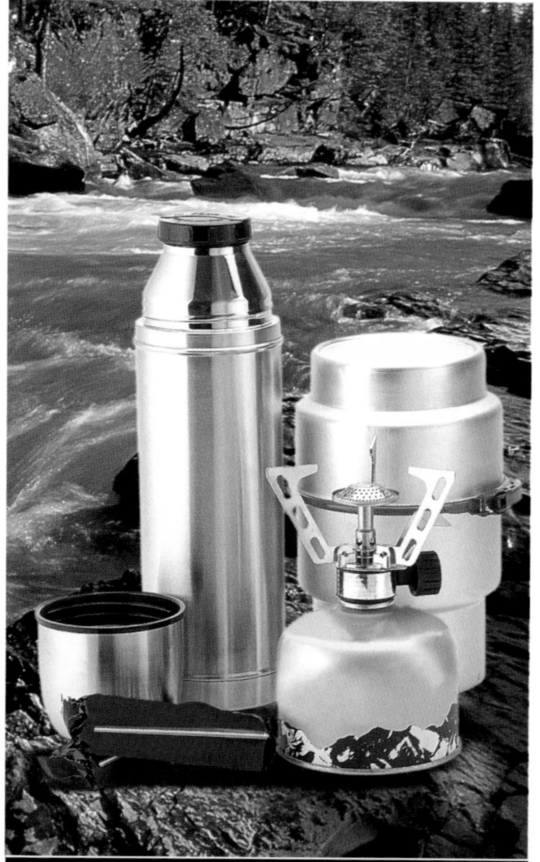

鋁罐組包括瓦斯爐、爐具及燃料攜帶瓶。

## 繩結

練習繩結及編紮它們直到你的手法變得很純熟。

### 把尼龍繩尾熱封起來

防止尼龍繩散開，用火把繩尾部分燒一燒。也可用一片燒過的金屬片在尼龍繩尾端用壓擠方式把它封壓起來。

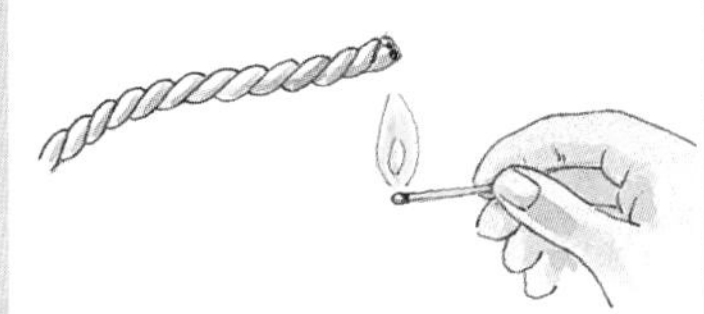

### 繩頭結（whipping）

這個方法是用來防止多繩芯繩及一些不能用熱封的纖維尾端散開。繩頭結是把細繩索用來包捆在粗繩索上，編紮於長時間及長距離使用的斧頭握柄、刀把或擔架的手把上。

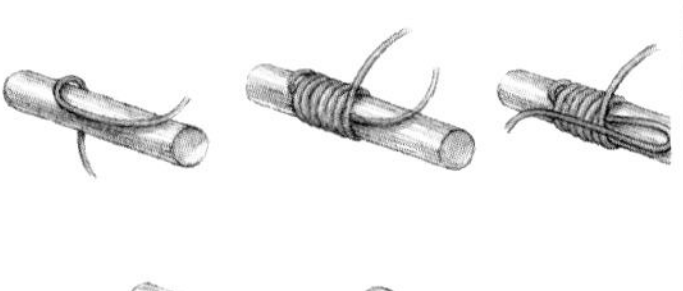

### 平結加半結（Reef knot and half-hitches）

最普通的繩結之一，可以將同樣粗細大小的繩索編紮在一起。它很容易綁起來，而較安全的方法是在兩端都打一個半結或雙半結。

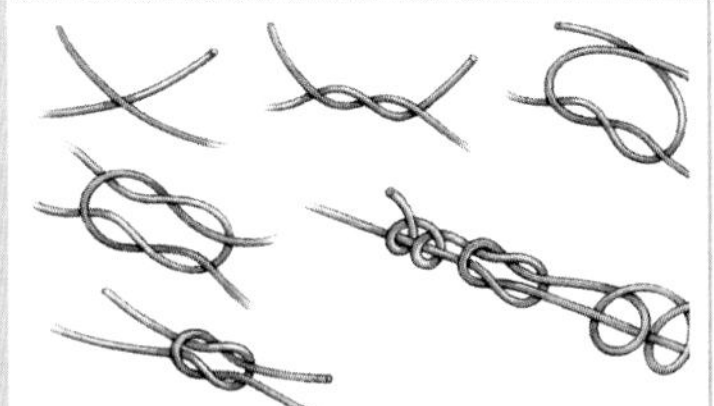

### 接繩結或雙接繩結（Sheet bend or double sheet bend）

把兩根不同粗細的繩索綁在一起會很容易鬆開，所以打雙接繩結較安全，但也較複雜。

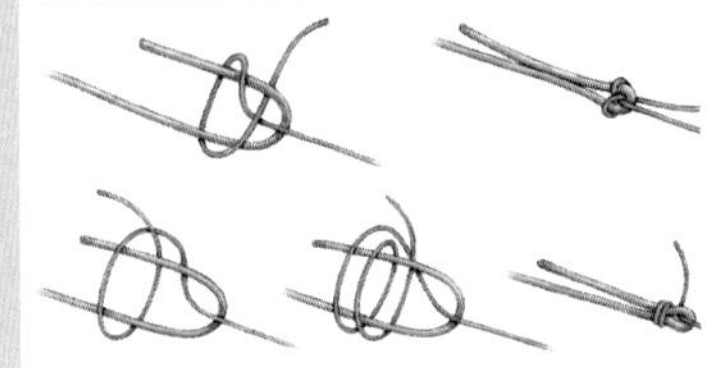

### 上手繩環（Overhand loop）

一個快速又容易編的繩結。將它編在繩的尾端或繩索中間，可以負重或用來編織網子。

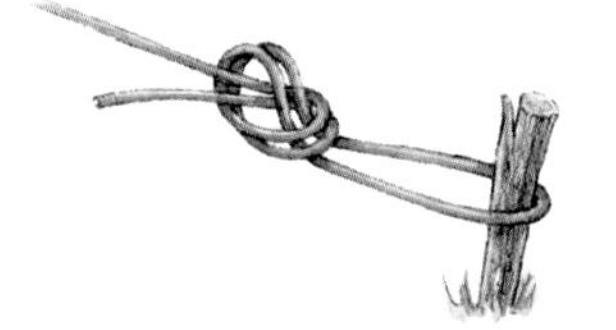

### 八字結（Figure of eight）

這個繩結可以打很快，也比較不會滑開。登山者用在固定繫繩索到鐵鎖上的保險帶，它比上手繩環更加牢固。

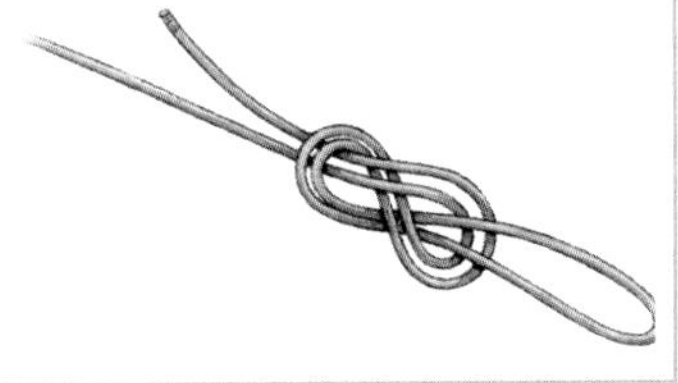

### 返穿8字結（Rewoven figure of eight）

此繩結通常是打在固定點或登山者的保險帶上。兩端持續以平行方式綁在一起，最後併在同一個尾端。

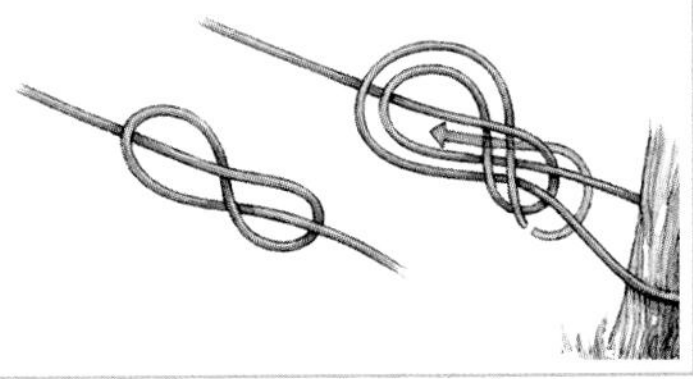

### 繞結及雙半結（Round turn and two half-hitches）

把一條繩子綁在柱子上，即使當時繩索是在有拉力的狀況下。

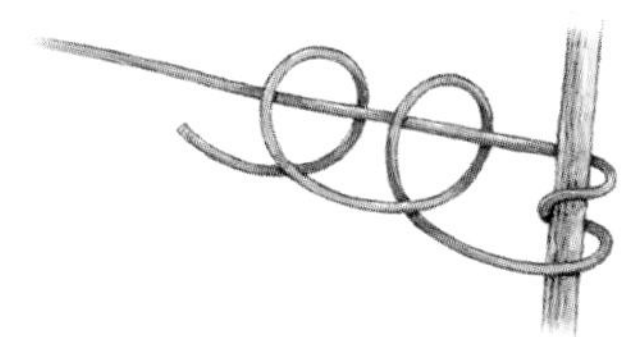

### 雙套結或丁香結（Clove hitch）

適合用於開始或結束的繩索編結。如果要利用繩索從一端的圓木或橫樑滑到另一邊，可以在繩索的中間編織這種兩端皆可拉緊的繩結。

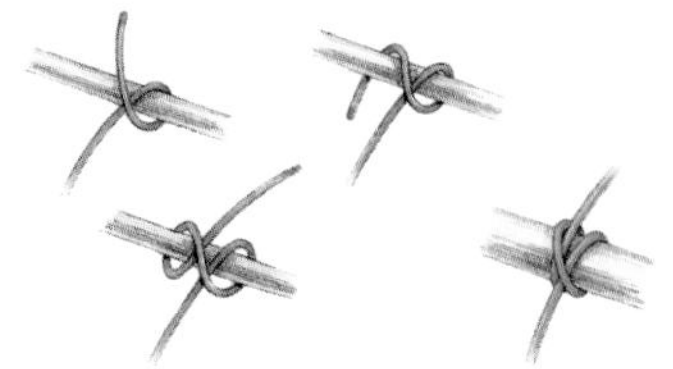

### 繫木結（Timber hitch）

用於捆紮或繫在要被拖曳的圓木或橫樑上。一個額外的半結可以用來綁緊圓木。

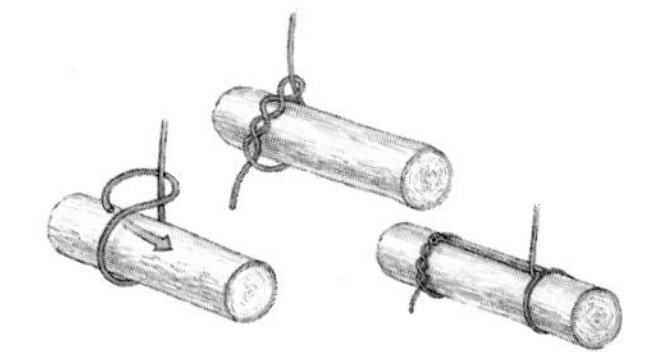

## 編結

### 方圓結（Square lashing）

用於柱子需要穿越直角，如木筏或擔架時。

■在橫杆下開始一個雙套結或繫木結。

■把繩索在橫杆上下繞幾次，然後拉緊。

■在水平柱子上用繩索繞過後從反方向再打上四圈，最後用數個半結或雙套結綁緊。

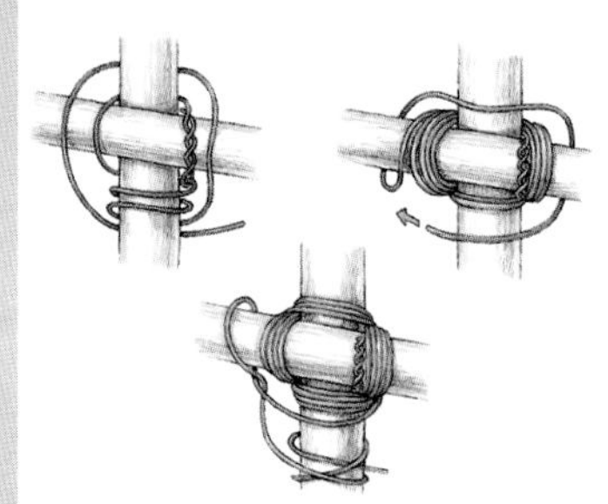

### 剪立(十字)結（Shear (diagonal) lashing）

除了直角外，想要採用對角或其它角度接合圓木，例如帳篷、A字型的橋或避難所，都可以使用剪立結。

■把雙套結綁在圓木上，然後繞幾個較鬆的水平轉圈於兩邊的圓木上，再以垂直方向繞幾圈在兩個圓木間後把繩索捆緊（拉緊）。

■在第二根圓木上打一個雙套結做為結束。

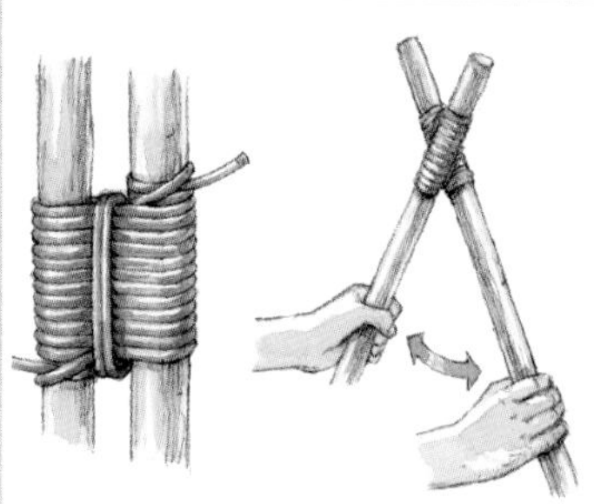

### 隨手取材的金屬線或繩索

車輛裡有一些繩或線的材料，像是電線、地毯的線、椅套，或輪子上的尼龍繩。你也可以用藤蔓、草、樹皮、樹葉，或一些動物的毛髮來做可承受不同重量的繩索。多編織一些不同長度的繩索（當你在編的時候要拉緊因為它們是天然纖維），然後把三條緊緊編在一起，做成一條更耐用及耐重的繩索。

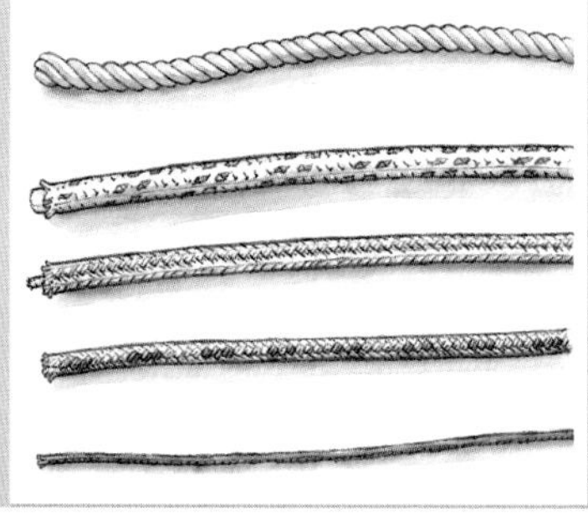

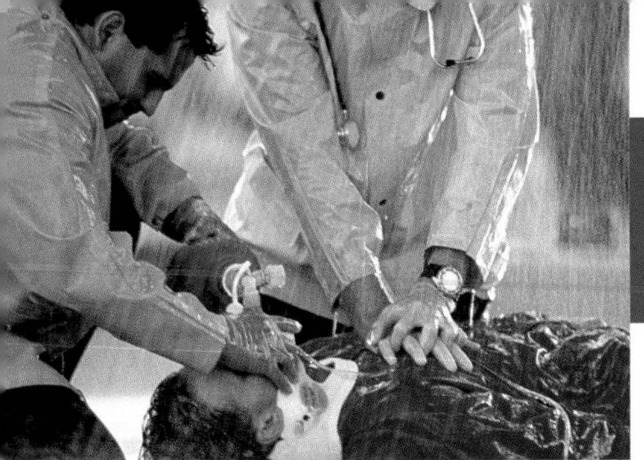

# 醫療急救

你是否正在從事和緩的鄉間健行或多日辛苦的登山旅行，如果你無法得到緊急救援服務，因應可能會發生的緊急狀況，那麼如何因應就只能全靠你的處理，處理方式的不同將會使結果完全不同。很少有人有足夠的緊急救援訓練，但如果你是一個熱衷野外活動的人，建議你接受專門的野外醫療訓練課程；若你是一個不常冒險的冒險家，參加急救或基本生命救援訓練是值得做的。這樣才能取得最新的救援知識。

先讓自己的心理準備好，思考著會有何種風險，再開始你的行程。試想是否有團員會面臨需要緊急醫療的狀況，而它會變成什麼問題？你要如何連絡緊急醫療呢？手機訊號是否涵蓋那個區域？號碼是幾號？確定是否有團員受過醫療或救援訓練，再想想哪些醫療裝備是你旅行中所需要的（請看Pg82-83急救包）。

## 緊急醫療

它總是發生在你最不希望發生的時候。如果忽然有人跌傷、車子翻覆，或是有快要失去生命的溺水者。這種狀況並不尋常，因此如果你因恐慌而失去判斷力，你的反應及行動就會讓緊急醫療發生不同的結果。

把注意焦點放在其他團員身上，能讓意外狀況減低和簡化。如果你是領隊，你的主要責任就是確定每個團員的安全。

右圖 救援行動通常包括複雜的程序時間消耗，而這需要許多體能。

領隊不應該直接照顧傷患，除非他/她是僅有而且能勝任醫療救援的人。領隊應該要照顧到整個狀況及被委任的任務，有時最吵的傷患並不一定是最嚴重的。

## 緊急救援照護協定

### 危險

換言之，保護你自己、其它團員及傷患免得再次受到傷害。

- 假如你是在陡峭的地勢上，先把病患及救援者用繩索安全地固定住。
- 僅在極度危險狀況下如火災時才移動病人，而不先做適當的醫療處理。
- 在可能的情況下，當你觸摸到身體體液之前，請戴乳膠手套。主要是危險的愛滋病病毒、B型肝炎病毒，才不會侵入身體。
- 請與任何沾有血的刀子（玻璃碎片、注射針頭）保持安全距離。

### 哈囉（打招呼）

換言之，請跟你的傷患說話。

- 傷患還有意識嗎？你是否被允許來醫療他/她？
- 如果他/她回答你，代表他的腦部沒有問題，也沒有必要立即做CPR。
- 立即用言語詢問及再次確認是很重要的。

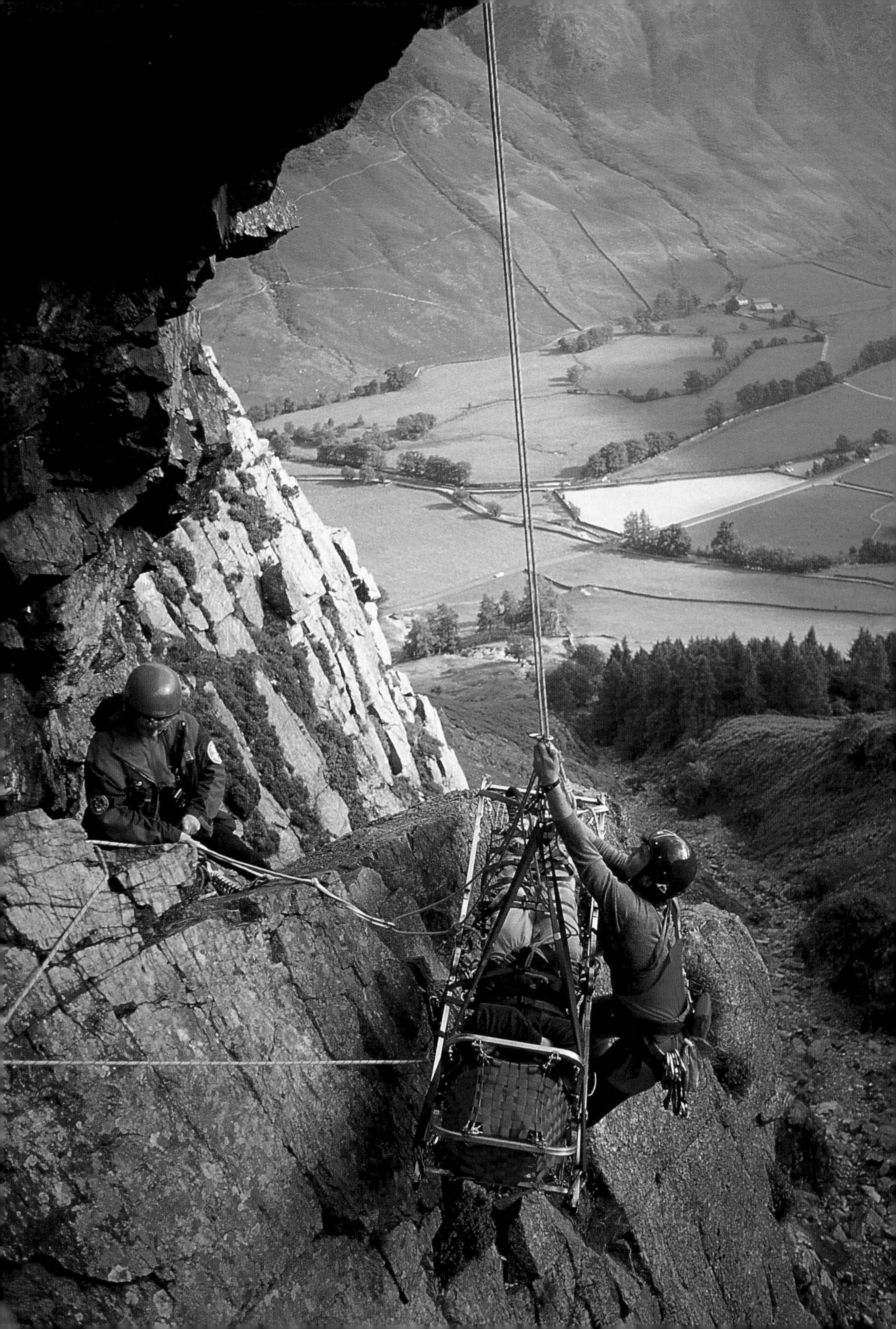

### 求救

換言之，得到緊急醫療服務

- 如果你身邊的人沒有注意到你已情況緊急，打電話給他們，讓他們來救你。
- 是否在打電話請求外援前先作緊急醫療治療（在野外地區這有可能不可行）。

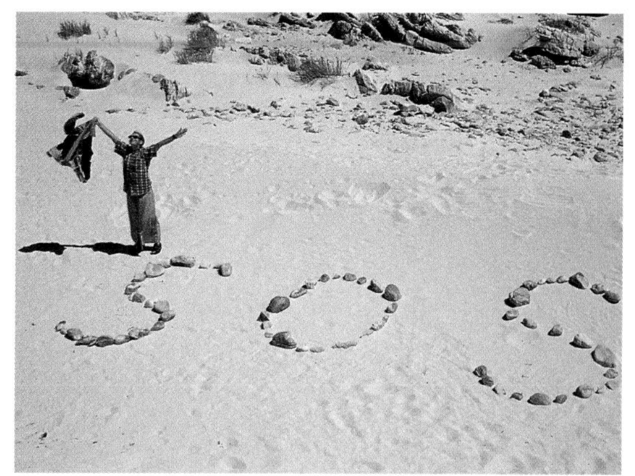

## 基本急救

### ABC準則

進行重要的檢查來檢視是否有需要立即治療生命危急的狀況。

- **呼吸道**：確定氣管是暢通的。
- **呼吸**：如果病患沒有呼吸，給與人工呼吸器的治療。
- **循環系統**：止血。如果心跳停止，進行心臟按摩。

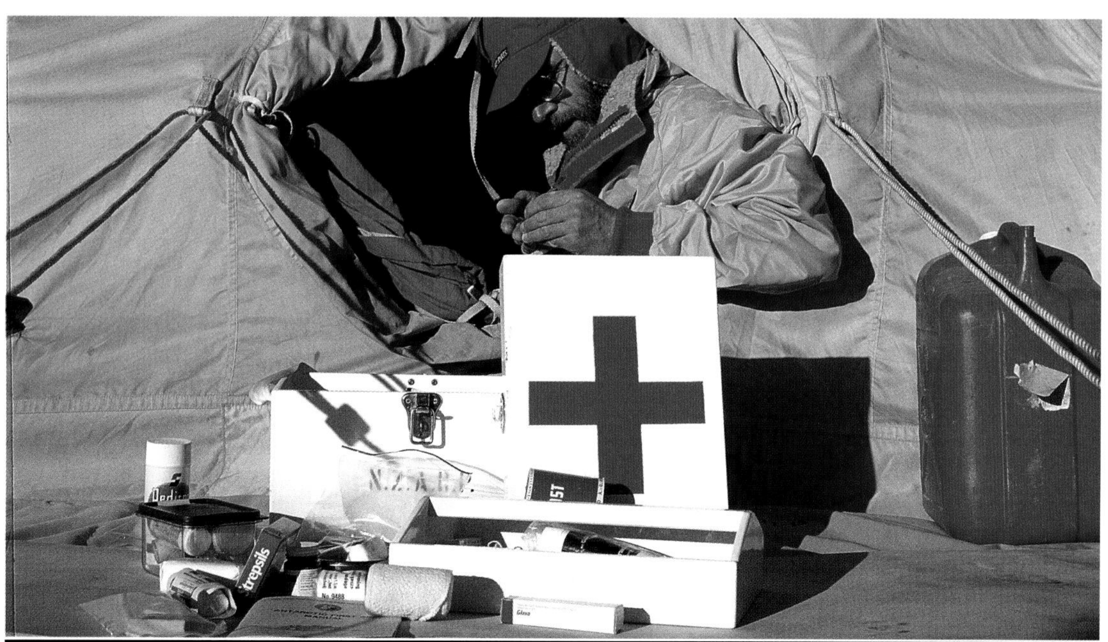

一個適合團隊使用的綜合醫療急救包對探險隊是必要的。

## 呼吸道

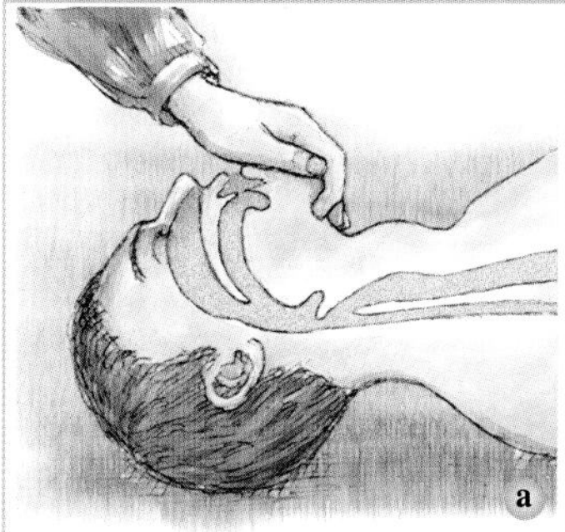


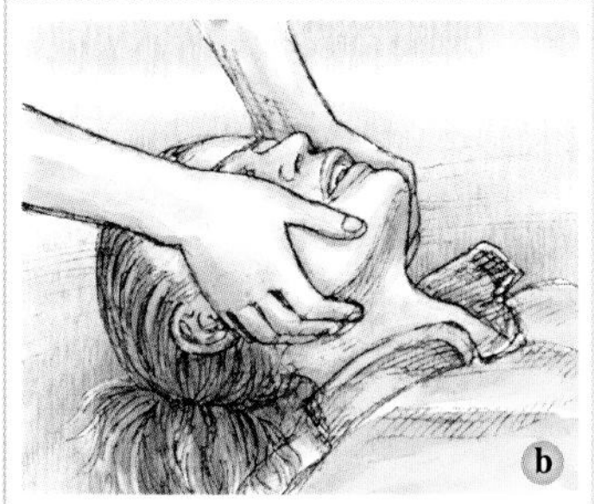


### 呼吸道阻塞

一個有意識的病患，呼吸道阻塞可能是因臉部受傷、昆蟲咬傷，或因感染造成的腫漲、吸入興奮的氣體、誤讓堅硬的食物進入呼吸道，卡在食道聲帶附近。病患會掙扎的想要呼吸，然後出現鼾聲或發出高頻率的喀喀聲。掙扎的聲音也有可能卡在胸腔或喉嚨。

一個沒有意識的病人，需要藉著把頷骨向前推（**a**圖），或把頷骨的兩邊往下壓（**b**圖），讓呼吸道暢通。頸部必須維持正中的位置以防骨折，或許還需要把指頭放進嘴裡來清除異物（如食物或假牙）。

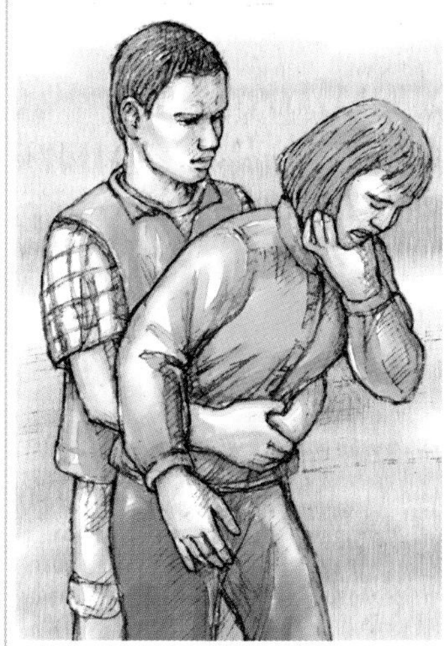

### 漢默李奇技術（腹部施壓法）

當一個成人把食物卡在聲帶上時，可以使用漢默李奇技術（腹部施壓法）來把異物用力逼出來。

站在病患的後面用雙臂抱住他的腰部，一隻手緊握拳頭，另一隻手覆蓋在拳頭上，用拳頭從胸腔下面很快地往上推壓，也可用你的手臂壓擠肋骨，一直重覆動作，直到食物被逼出來。

如果是小孩的話，必須要先檢查他們嘴裡是否有東西，然後臉部朝下， 搥擊肩胛骨直到異物被逼出來。

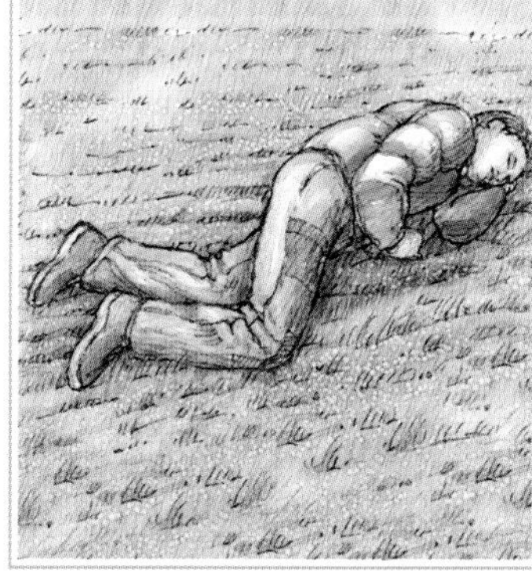

### 恢復姿勢

無意識的病患必須要轉身以復原臥式（請看左圖）躺臥。當要移動一個受傷的病患到此姿勢，記得要保護頸部及脊椎。在運送期間，也要保持此種姿勢，這樣可以確保呼吸道暢通，也可以在嘔吐物流出來時，不會進入氣管。

## 檢查呼吸

胸部受傷、胸部積水、近乎溺斃的意外、肺炎或嚴重的氣喘發作，皆可能導致呼吸困難。一般正常人的呼吸是每分鐘15－25次。

每分鐘超過30次的呼吸可能是呼吸困難的徵兆，呼吸困難是需要馬上求救的嚴重問題。有時傷患會覺得坐起來比較舒服，而可能的話請給與氧氣治療。

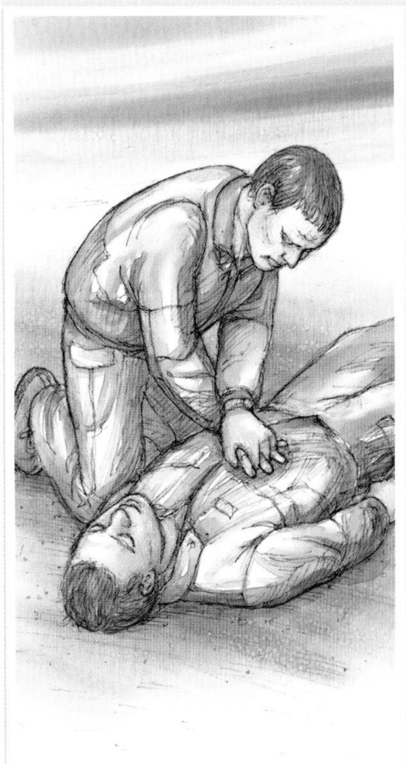

### 心肺復甦術（CPR）

心肺復甦術（CPR）最好在訓練課堂上學習，下面所述只是一個簡短的指導方針。心肺復甦術需要快速及有效率的進行，但要明白心肺復甦術只能提供心跳暫停的病患些微的生存機會。在野外，心肺復甦術可能拯救一個從失溫、幾乎溺斃，及因雷擊而快要失去生命跡象的人。

此時病患要面部朝上躺下來。施救者跪下來靠近病患身邊，把雙手交疊垂直向下（見左圖）放在下胸部的中心處，以4－5公分深（2英寸）的力道按壓胸口。每15次的按壓需要暫停一下，然後施行嘴對嘴人工呼吸（每2秒一次），每分鐘做100次按壓，循環四個週期後，檢查呼吸及脈搏狀況。

一般狀況下，經過施行15分鐘的心肺復甦術後，仍未甦醒的病患得救機會不太樂觀。除了在失溫的狀況下，進行30分鐘的心肺復甦術後，如果病患沒有反應，30分鐘後停止心肺復甦術是可以被接受的。

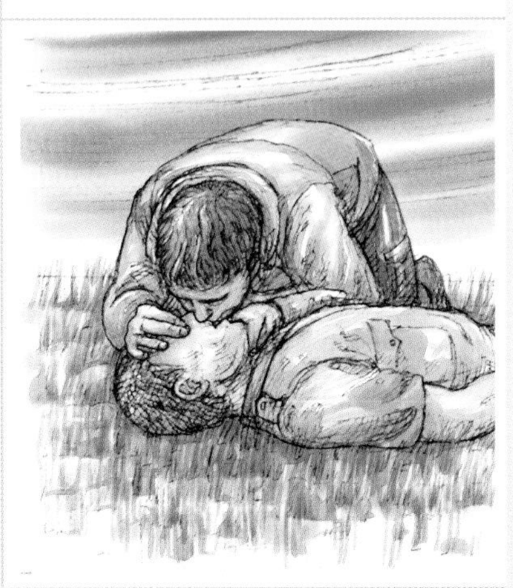

### 人工呼吸（Artificial respiration）

先清除嘴裏的異物，再把病患的下巴抬高然後打開呼吸道，將病患的嘴巴及鼻子用你的嘴巴封起來（見左圖），然後給與每次2秒的吹氣。此時要檢查病患的胸部是否有因你的吹氣而漲起。急救施行者每分鐘施行10－12的人工呼吸。

## 檢查脈搏循環

下一個優先的重要考慮是為開放性傷口做止血處理。

■用一塊相當乾淨的布料或你的手(病患的也可以)，在受傷的地方直接用力地按壓來止住流血。

■為止住動脈流血，至少用力按壓三分鐘在包紮的地方，然後以此按壓力道用繃帶包紮起來。

■如果包紮用品或繃帶被血滲透，用另一塊包紮用品或繃帶覆蓋於第一塊上。

■把流血的部位提高，再檢查傷口上方是否有受到壓迫（如捲起的褲子會促使靜脈流血）。

■在外傷的截肢手術之後，使用止血帶是最後的一種止血方法。例如：被鯊魚攻擊之後失去腳。

先前的失血導致休克，更會讓病患變得虛弱及喪失知覺。讓病患保持靜止不動，當他/她平躺時把腳抬高，這會讓血回流到中心的循環系統。任何粗野的動作或運送會讓休克的病患失血狀況加劇，導致病患傷勢立即惡化。

由鈍器所傷的穿入式傷口可能會導致胸部及腹部內出血。除了手術，這種類型的出血是無法控制住的。你僅可能只先對休克做處理。

下圖 對出血的病人來說，如何讓傷口不再流血是很重要的，提高傷口處可以讓血液回流至身體的循環系統。

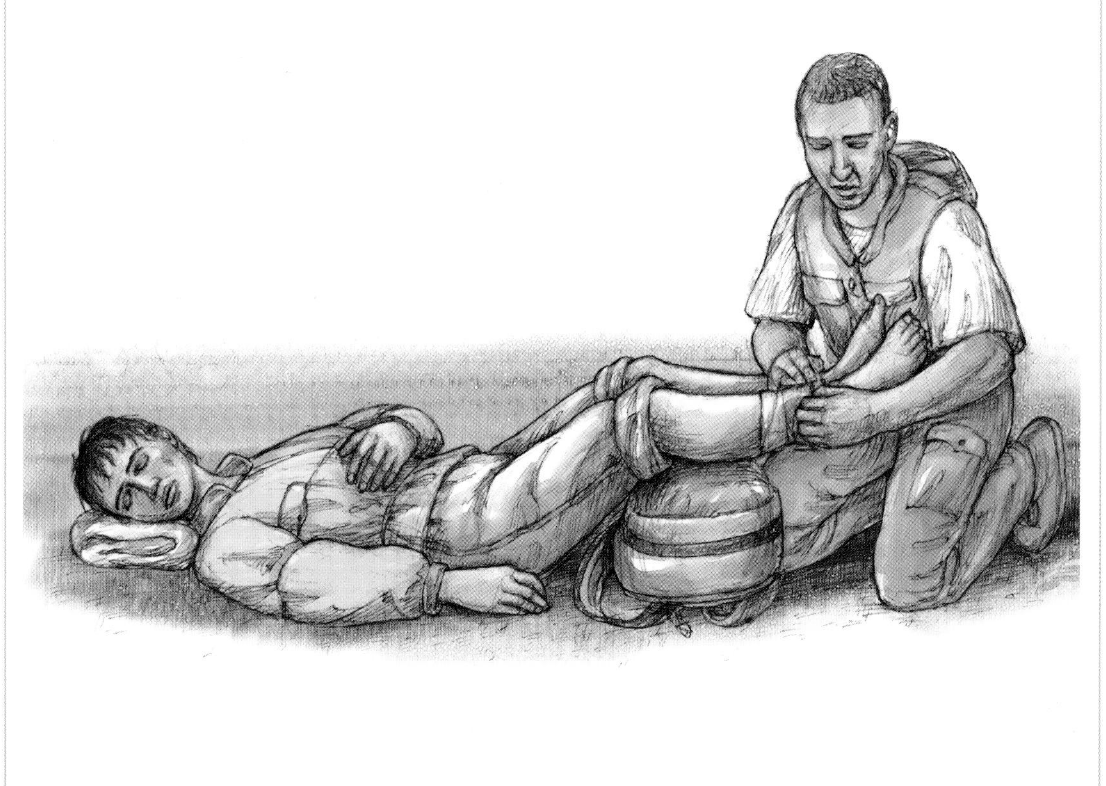

## 脊椎固定

如果病患跌倒或是車禍受傷，要假設脊椎（頸部或背部）已受傷，再來就是要把頸部及脊椎固定。病患需把頸子依自然姿勢平躺，不可向前、向後或側邊扭轉彎曲。為避免造成生命上的威脅，儘量不要移動病患，除非這是必要的動作，但也要在你已排除頸部或脊椎受傷的可能性之後才可移動病患，或已用硬式頸部項圈及硬板與擔架固定頸部和脊椎。

把所有無意識、受傷的病患當成脊椎受傷來處理。有意識的病患若頸部或脊椎沒有疼痛、四肢沒有麻木或麻痺的感覺，或許較沒有脊椎受傷的可能。而無意識的傷患應被視為嚴重狀況，因這可能表示他的腦部受到傷害。

脊椎神經損傷

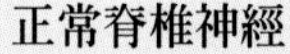


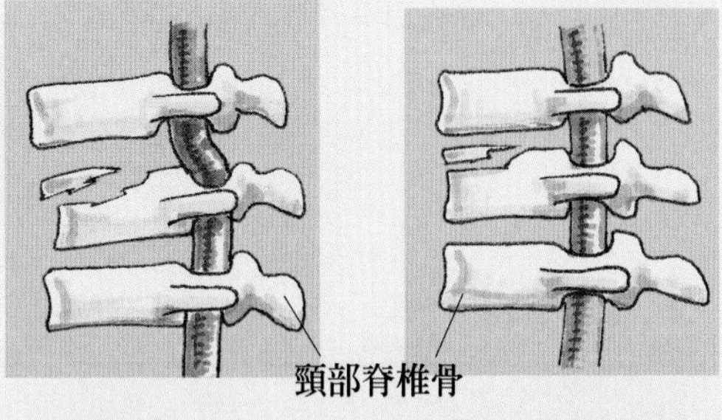


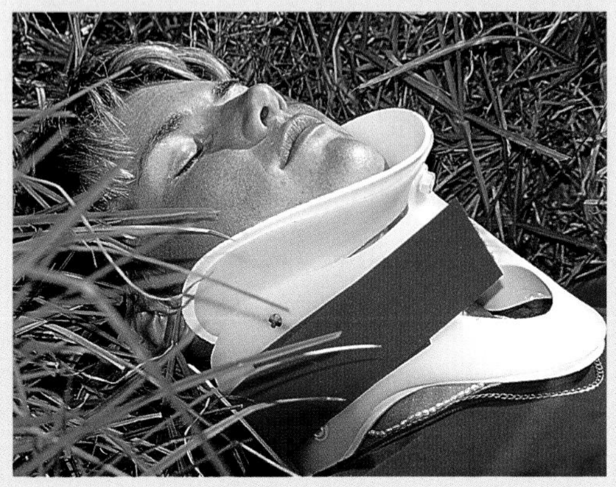

## 骨折

骨折的症狀，通常就是持續的劇痛。斷掉的骨頭通常很痛，但顯少有生命的威脅。然而，多處骨折或牽涉到股骨(大腿骨)會導致失血過多而休克或死亡。開放性骨折（當傷口在骨折上）及神經或動脈受傷者也非常嚴重。

骨折需用夾板固定來減低疼痛，也可避免因移動而進一步造成組織傷害和失血過多。你可以把腿固定到另一隻腿上，或是將手臂固定在胸部上。任何筆直、堅固的物件，如冰斧或樹枝可以當作是固定夾板，捲起的薄泡沫塑膠床墊也可以做為好的固定材料。在使用夾板之後，要不時檢查固定夾板的情況和固定處的循環是否通暢。

胸部肋骨骨折的範例中，給予止痛藥物治療。病患需坐立來幫助呼吸順暢。

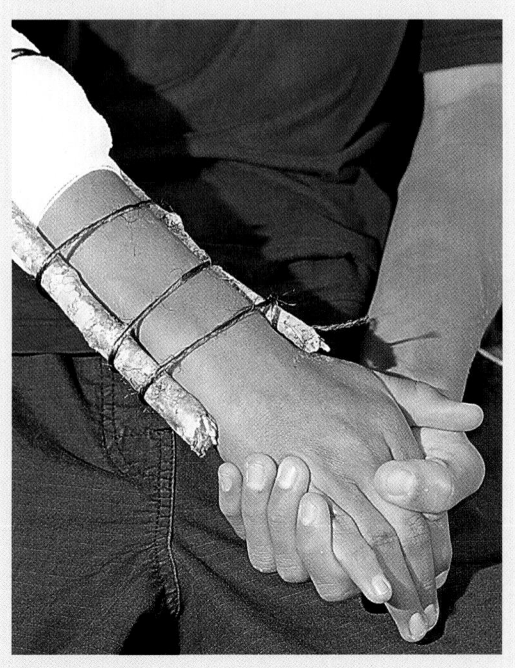

## 燒/燙傷

把燒/燙傷的部位浸入乾淨或流動的清水中來降低燒/燙傷的溫度。浸入水中可以越久越好，因為這可降低疼痛及對組織的破壞。

以消毒過的包紮布或乾淨的衣服來覆蓋燒/燙傷處。不要試著清理或塗抹藥膏在傷口上。燒/燙傷會侵入整個皮膚層，之後可能需要進行皮膚移植。

大面積的燒/燙傷（超過**20%**的全身表皮面積）可能會導致大量體液流失及休克。若是大面積的燒/燙傷及臉部、手部，必須要馬上就醫。

## 扭傷

扭傷是肌肉、韌帶，肌腱附近軟組織的拉扯傷。扭傷通常要花一段時間來治癒，最常見的扭傷是足部向內翻的足踝扭傷。使用**RICE**準則來處理扭傷：休息（**Rest**）、冰敷（**Ice**）、加壓（**Compression**）、抬高（**Elevation**）。停止走動，儘量休息，如果找得到冰、雪或冰水，最好能冰敷。

把扭傷的足踝往扭傷的反方向用一個沒有彈性的膠帶包紮在固定板上。然後再用一個紮實的、彈性繃帶綁到需要支撐的扭傷部位，最後抬高扭傷的足踝減輕腫漲。

如果一定要繼續走路，最好不要在扭傷發生後脫掉鞋子，因為腫漲可能會讓你無法再把鞋子穿上去。

## 脫臼

脫臼是因關節嚴重受傷而導致骨頭移位，脫臼會異常疼痛而影響肢體無法移動。臀部及肩部的脫臼，是長骨從關節臼裡脫落出來，由於肢體的神經及血液供應會受到影響，此時就需要緊急的醫療治療。

脫臼通常可以用力拉回，矯正脫臼的肢體回到關節臼裡，這通常可以在受傷後即刻處理，也會幫助立即停止疼痛。但這不是一個簡單的療程，如果處理不正確，可能會造成更嚴重的骨折，但如果是在求生狀況下，你只好嘗試看看，否則就先用夾板固定脫臼的肢體。

下圖 一個肩部脫臼患者正在利用放著沉重石頭的安全帽做穩固的牽引治療。

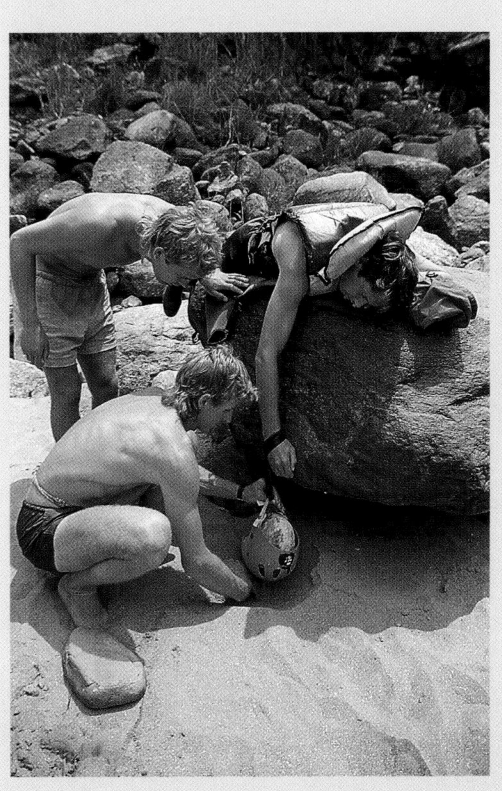

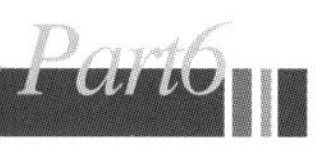


## 與中暑有關的狀況

較不嚴重的熱中暑狀況包括痱子、水腫（足部腫漲）、痙攣、暈厥（突然停止在炎熱環境中的激烈運動而產生的頭暈現象）。

**熱衰竭**－這是最常見的中暑狀況，症狀包括精疲力竭、頭昏眼花、稍微意識不清、嘔心及頭痛。患者可能會很喘及流很多的汗。治療所有與過熱相關的症狀，是把患者移到陰涼處，脫掉過多的衣物並給與水喝。

**中暑**－這是雖不常見但很嚴重，甚至有可能會致命的狀況。人體體溫（正常37˚C或98˚F）可以升高到46˚C（115˚F）。中暑的主要症狀是昏迷、痙攣。有一些患者會產生高溫但不排汗，有一些則是流很多汗。

利用電風扇、水，讓患者的體溫能迅速降低，觀察呼吸道及儘可能緊急送醫。

## 與寒冷有關的狀況

**失溫**－失溫的發生是身體保持體溫的功能消失，這時會導致身體不斷顫抖、意識混亂。除非失溫病況被控制住，不然患者病況會持續惡化，進而導致昏迷、心臟停止及死亡。失溫的發生是身體的中心體溫（心臟、肺及大腦）低於35˚C（95˚F）。為了保持體溫，身體會減少血液的供應到皮膚及肢體，這會使得手指頭及腳趾頭發青。

失溫會因饑餓疲勞、生病及處於高海拔地區而惡化。高危險群是小孩、青少年、單薄及年老的團員。受傷及行動不便的患者，也可能在輕微的狀況下導致失溫發生。觀察是否有以下生理功能改變的跡象，如（蹣跚而行、搖搖晃晃、意識混亂、說話模糊不清、不尋常的易怒），馬上採取行動，立刻找尋遮蔽處休息，並且讓患者保暖。

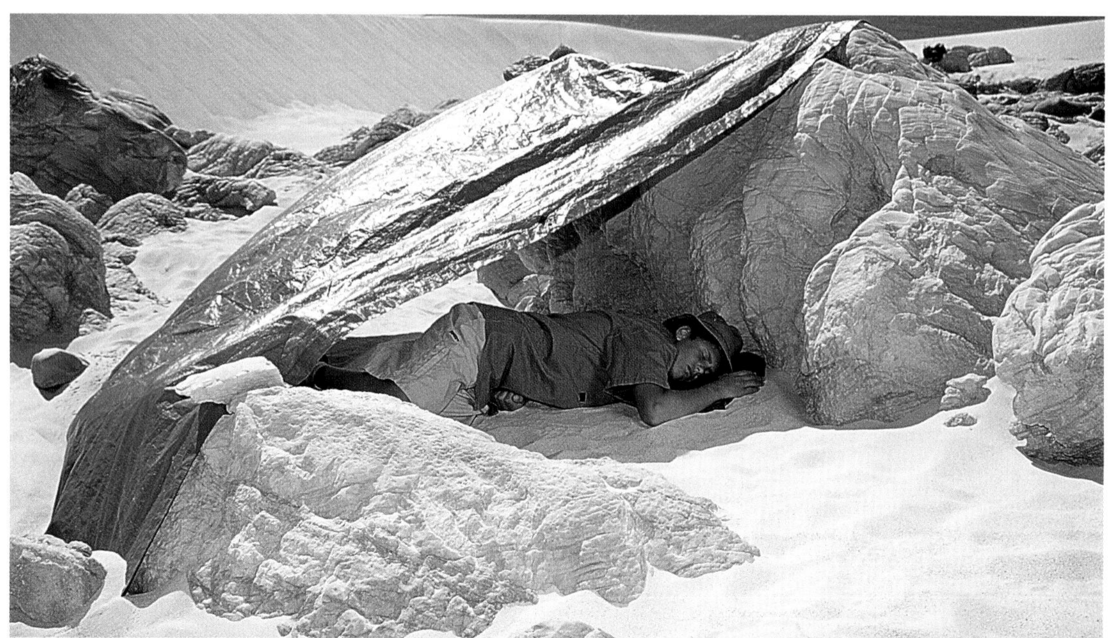

在高溫的沙漠地區，保持體內的水分是很重要的。在熾熱的太陽下躲進以石頭壓住的帆布臨時遮蔽處，可以避免嚴重的熱衰竭及中暑狀況。

## 採取行動

■替患者替換上乾衣服，然後把病人移到帳篷內的睡袋，睡袋須與地隔離。

■如果沒有乾的衣服，就用一個塑膠袋覆蓋在身體上以防體溫散發。頭部也要包起來，因為體溫會從頭部快速流失。

■同伴的體溫也可以溫暖患者。

■避免把熱的東西放到皮膚上，因為皮膚缺少血液的供應會導致燙傷。

■必須給有意識的患者補充大量溫水以補足流失的水分。

■如果患者是無意識的，讓他採取復原臥式的姿勢，並且隨時注意呼吸道的暢通。

■如果呼吸停止，馬上給與嘴對嘴人工呼吸；如果心跳停止則施行心肺復甦術。嚴重的失溫有可能呈現腦死狀況，因此當有懷疑時，立即施行心肺復甦術直到患者回溫。

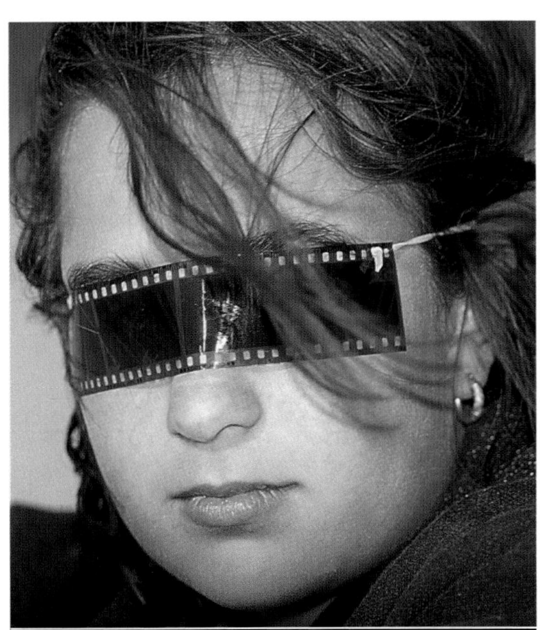

深色底片提供了臨時的保護，讓眼睛不被沙漠的強光或雪光所傷害。

## 失溫的階段

**輕微**

身體中心體溫35˚C－32˚C（95˚F－92˚F）

■患者抱怨很冷。

■很差的判斷力、混淆、易怒

■含糊的說話能力、走路不穩

■無法控制的顫抖

■體溫低，發青的手與腳

■僵硬的肌肉

■多尿產生脫水現象

**中度**

身體中心體溫32˚C－28˚C（90˚F－82.4˚F）

■意識開始不清

■顫抖可能會停止

■肌肉僵硬及無法彎曲

■不規則的心跳

**重度**

身體中心體溫低於28˚C(82.2˚F)

■深度意識不清

■呼吸緩慢

■緩慢而不規則的心跳

■心跳可能停止

## 被大雪困住的狀況

**凍傷**－發生在身體組織的冰凍傷。它影響最多的地方是在手指、鼻子、耳朵及腳趾頭。凍傷會讓患部轉白，然後到起水泡階段，如果沒有在患部保暖的話，最後會轉黑以及導致永久的組織破壞。

**雪盲**－雪盲是因為強烈的紫外線照射而導致角膜傷害。在曝曬過後10－12小時，會出現眼睛灼傷、疼痛的症狀。戴有遮邊或包覆式的太陽眼鏡可以避免雪盲發生。可以用紙板中間裁一細縫，或是使用深色的底片做為臨時遮陽眼鏡。

## 溺水

溺水其實是可以避免的。例如坐船的人都要穿上救生衣，還有小孩靠近水邊都要有人在旁監督，游泳的人不應該飲酒。大部份溺水的人會因掙扎而吸入水，使得大腦缺氧失去意識。如果患者停止呼吸，必須立即做ABC程序（請看Pg72）。

如果患者潛進水裏過，要注意可能會是頸部受傷。如果患者失去意識但還有呼吸，把他/她用復原臥式的方式安置（他/她可能會吐出所吸入的水）然後保持呼吸道暢通。

即使已溺水很長一段時間，也可以嘗試用心肺復甦術來急救，因為冰冷可以讓在沒有氧氣之下的腦部繼續運作。溺水的人在吸進水後若是呼吸困難，便會有第二次溺水的危機，因此要給與氧氣治療然後儘快送醫。

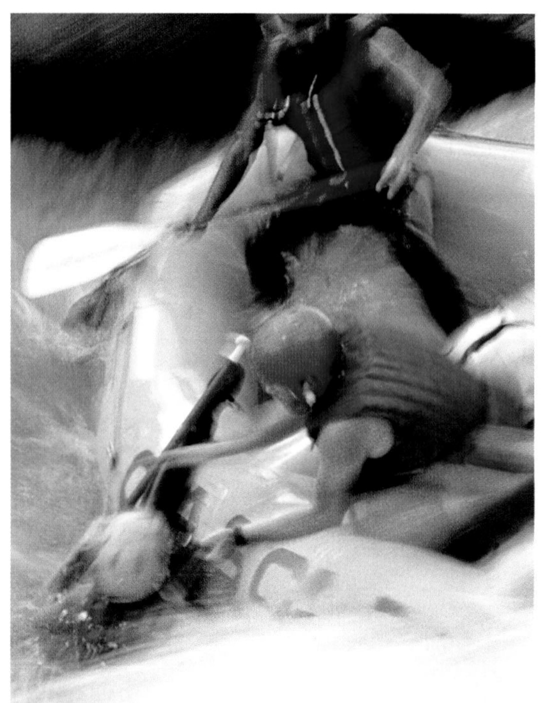

當在救援一位落水的人時，須注意喝進水的人可能導致第二次溺水。

## 咬傷及螫傷

只要穿著適當的靴子及長褲就能避免被蛇咬傷，同時要非常小心手腳的位置，還有就是在穿靴子之前先檢查一下。

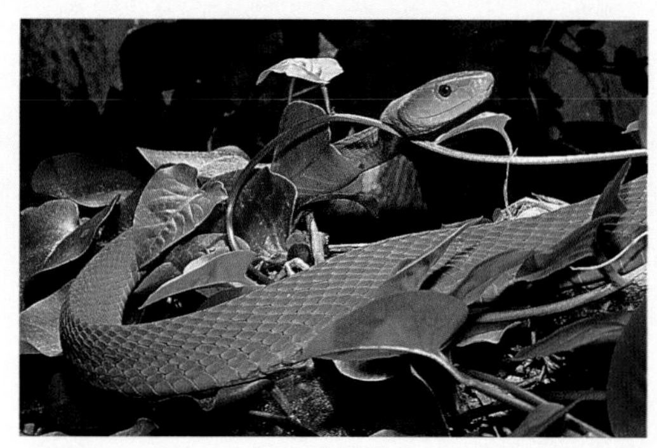

### 蛇咬傷

請注意，如你不逗弄蛇的話，它就不會咬你。大部份被蛇咬傷的案例皆是發生在試圖抓它或是玩弄它，而一般被蛇咬傷很少會造成致命危險。

最危險的蛇是製造神經毒素的蛇，這會導致肌肉神經癱瘓，它們主要是非洲及亞洲的眼鏡蛇、非洲的樹眼鏡蛇、北美的珊瑚蛇。而非洲的鼓腹毒蛇，則會製造消化毒素讓組織因毒素而被破壞。

萬一被毒蛇咬傷，要先使傷者安靜下來，此時也不要有大動作使毒素迅速擴散。用一塊緊實的包紮布包裹咬傷部位，如果可能的話，儘快將傷者用直升機送醫。如果有任何跡象顯示這是有毒的咬傷，立刻以吸吮唧筒來吸吮傷口或注射血清都是很有效的治療方法，而止血帶則可能造成嚴重的傷害。如果呼吸有減緩的跡象，就要考慮是否有需要使用嘴對嘴人工呼吸。

## 蜘蛛及蠍子咬傷

除了歐洲、北美、非洲的黑寡婦和棕色隱士蜘蛛、澳洲的漏斗網蜘蛛，以及非洲的小提琴蜘蛛因會導致類似非洲的鼓腹毒蛇所造成的嚴重組織破壞外，一般蜘蛛的咬傷鮮少(從沒)會造成致命。蠍子叮傷雖然不會致命，但會造成難以忍受的疼痛，此時冰敷會很有效。多處咬傷會產生毒素而且會影響神經系統，導致行動不便或情緒緊張，治療方式比照蛇類咬傷處理，但小孩身體較小就較危險了。

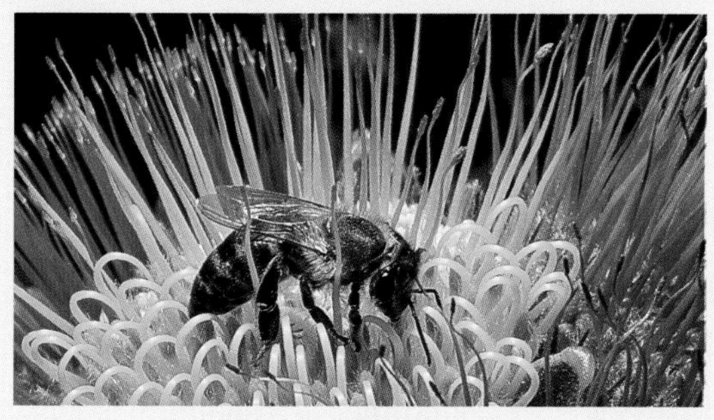

## 蜜蜂、黃蜂、大黃蜂的叮傷

黃蜂、大黃蜂及一些特別的蜜蜂所造成的死亡，比蛇、蜘蛛及蠍子合起來的還要多（特別是非洲蜂）。被叮者體質會因先前的叮傷或是本身過敏體質而變得非常易過敏，因此這類叮傷要特別注意。抗組織胺劑的藥品（以注射方式或藥片）會有所幫助。多處叮傷會導致休克、呼吸緩慢及呼吸道吞嚥困難。在嚴重的蜜蜂攻擊之後，讓患者躺下，拔除蜂針，如果有必要得施行心肺復甦術。不當而快速地拔除蜂針可能會致命，因為蜂針會在攻擊之後的20分鐘內持續施打毒液到身體中，記得以鋒利的刀子及針刮除蜂針，千萬不要用擠的或是觸摸蜂針的方式，這樣會讓更多的毒液進到身體裏。

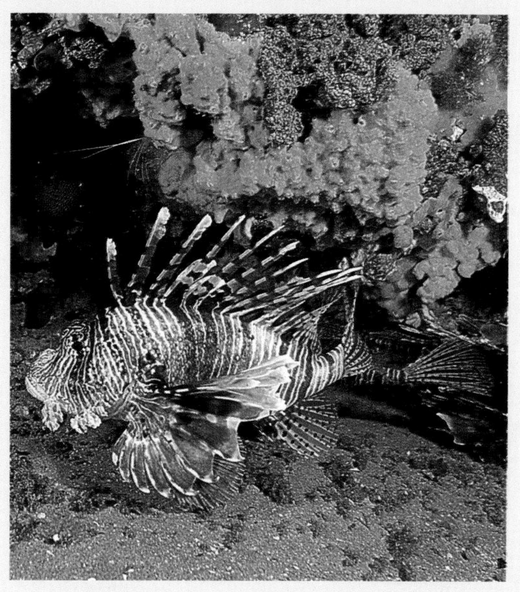

## 海洋生物

它們可以分為會叮傷的，如水母、火珊瑚，還有一些會刺人的，如石頭魚及小丑魚(上圖)。叮傷通常可以用醋或酒精擦拭受傷的部位；刺傷則是較激烈但可以立即把傷處（通常是腳）置入熱水中緩和疼痛，只要你能承受，水溫越熱越好。

## 旅遊及熱帶感染

旅行到有瘧疾的區域需要聽從專家的建議及攜帶必要的預防藥品。蚊子同樣會傳播登革熱（病毒感染）及黃熱病。確定你已有不同國家必要的預防或疫苗接種。

B型肝炎及愛滋病的感染是因為使用沒有消毒的針及皮下注射器，或經由輸血及性交，但B型肝炎疫苗可以購買得到。

## 醫療急救藥箱

救援及醫藥的訓練是很重要的，有好的裝備及藥品但沒有合格的人可以使用也沒有用處。在打包醫療急救藥箱時，要仔細的選擇，並且考慮到重量及空間。

選擇多功能療效的藥品然後把它們保存在一個防水的容器內，醫療急救藥箱僅供緊急狀況使用。

### 給小團隊用的醫療藥箱

（給小型健行旅行團隊到偏遠地區的一星期用量醫療藥箱）

- ■2雙拋棄式乳膠手套（保護免受血液感染）
- ■袋裝面膜（提供嘴對嘴人工呼吸的保護）
- ■1捲大（300x300mm/12x12in）的消毒傷口包紮布（包紮覆蓋傷口、止血）
- ■2捲小（100x100mm/4x4in）的消毒傷口包紮布（傷口包紮、止血）
- ■2片燒/燙傷包紮布，如水凝膠敷片（hydrogel）（200x200mm/8x8in）
- ■1捲彈性繃帶（±100mm/4in 寬）用來包紮足踝關節，固定包紮布
- ■1捲小膠布
- ■1 SAM® 夾板（骨折用）
- ■太空毯
- ■2小袋消毒軟膏（10ml/1/3oz）
- ■低度數體溫計（診斷發燒及低體溫）
- ■剪刀及鑷子
- ■針（挑碎片）

**小型醫療急救包**

- ■如解熱鎮痛藥及鎮痛止咳藥
- ■消炎藥，如非類固醇的消炎藥或阿斯匹靈
- ■抗組織胺劑，治療過敏、嘔心症狀
- ■丁香油，治牙痛
- ■止瀉藥
- ■抗生素，治療感染症狀
- ■抗菌藥膏
- ■鹽性洗眼劑（0.9%）10ml小罐裝

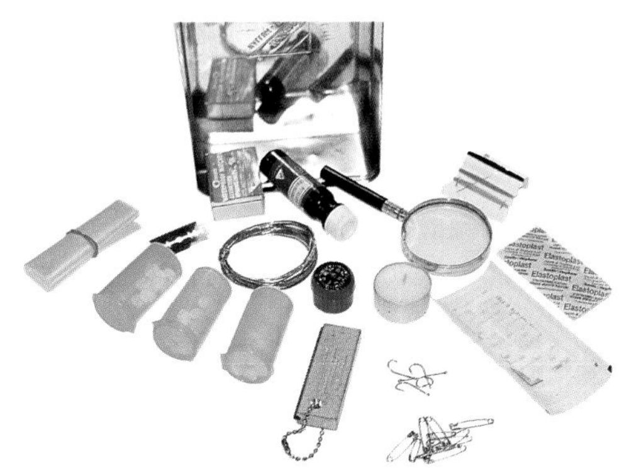

### 小型醫療藥箱

此小型醫療救援藥箱是為了能裝進小罐子中而設計出來的，除了指北針、燧石及防水火柴外，還包括基本的醫療用品，包含了手術刀片、安全針、膏藥、美容縫線及縫針。

## 救援小組的必要資訊

■自然天候造成的事故（如受傷、生病）

■正確的位置

- 全球衛星定位，地圖的配合
- 從可辨認的地貌來判定距離及方向。
- 地形的描繪 / 特別的地貌如河流轉彎處

■病患的人數、名字及年齡

■每位患者的醫療狀況

- 生命跡象
- 意識的等級（AVPU）

A： 靈敏的

V： 有談話回應（說話）

P： 只對疼痛的刺激有回應（如針刺）

U： 沒有回應

- 醫療專業人員在團隊中
- 受傷
- 施行治療

■當地天候狀況

■出入困難（如在懸崖處）

■直升機降落點

■團隊中有多少位未受傷的團員

■團隊狀況

- 避難所
- 食物
- 藥品供應

■打信號方法

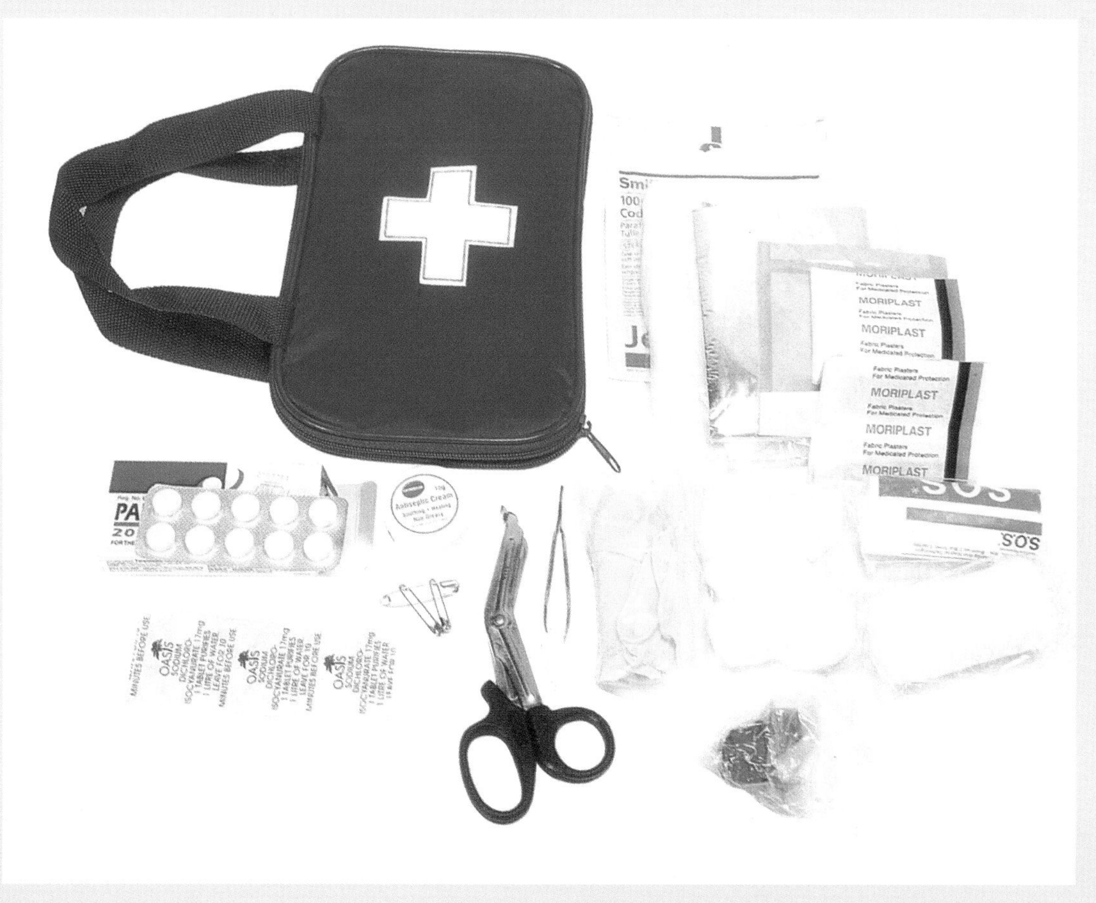

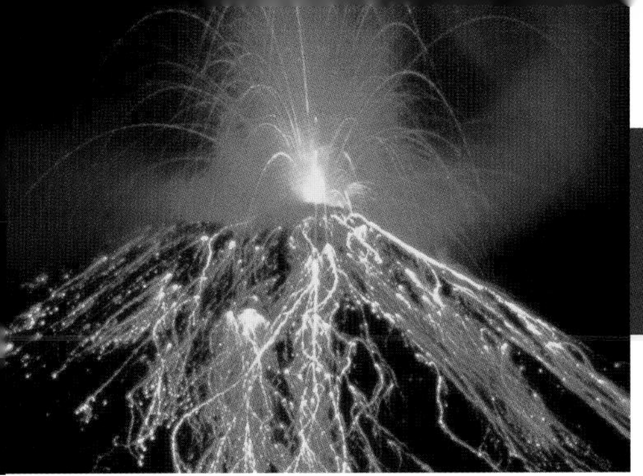

# 災難救援

任何需要穿越或通過荒野的旅行皆有可能因船難、墜機、撞車或天然災害而需要災難救援。在求生狀況中要可以冷靜的評估，整理出優先次序，並從混亂困惑中作規劃。

## 行動檢查清單

**受傷**：你是否已受傷？你的傷是否可以稍候做處理。

**立即的危險**：處理不穩定的殘骸，有爆炸危險的燃油、有毒的氣體和煙、對所有人造成安全威脅的陡降峽谷？團員是否已注意到這些危險，而且可以自己幫助自己？移動它們是否會對自己及其他人有危險？離開多遠才是安全的距離？

**優先治療**：傷重者可以被留到那些強健的及輕微受傷者之後處理嗎？

**特別需求**：是否有任何嬰孩、小孩、年長者或需要幫助的傷殘者？你是否有能力處理？是否還有其他的人可以幫你嗎？

**資源**：檢查可用的東西－食物、飲水、衣物、避難所、收音機、電池、照明燈、滅火器、木筏，或可以用來漂浮的殘骸。

**求救訊號**：你是否可能馬上送出求救訊號（如收音機、火燄訊號彈、詢答機或船）？

**待在一起**：人們可能會開始漫無目地的游蕩，叫這些漫游者做些簡單而容易處理的事（例如檢查團員是否有繫緊安全帶，及幫團隊中的小孩點名）。

**保護資源及補給**：為團隊征收一切食物，飲水、火柴、打火機、照明燈及通訊設備。

左圖 這艘遊艇被隨便的棄置在內陸是強烈颶風肆虐破壞的證據。

**定量配給**：依可能會發生的最糟狀況來施行食物及飲水的定量配給。

## 船難或沉船

**小船**：每個人都要穿著救生衣或漂浮的輔助用具。在船上每個人保持較低的姿勢，這可幫助船的穩定度。如果急難訊號已發出，把錨放下，這可幫助救生船不會繼續漂流。

**大船**：事先記錄所有的艙面樓層，及救生艇的位置。在急難中儘可能攜帶或穿上越多的衣物越好，這樣可以用來與冷水隔離。救生衣是最優先的考量，還有就是儘可能抓住可幫助漂浮的東西－空的塑膠瓶或空鐵罐、可展開的泡棉、輪胎內胎及木頭。

在跳下水前，儘量靠近水時再跳，特別是你的救生衣已經充氣。確定一定要馬上游開船旁，因為船可能會沉，要避免被下層逆流的拉力給困住。

### 乘水上運動遊艇漂流

潛水員、帆船運動員、海洋獨木舟運動員、衝浪者必須與他們的船或衝浪板在一起，特別是那些已經撞壞及翻船的，最好與船靠近一點。把你的手放在船下，也不要把你和船的安全繩索解開。

海洋獨木舟運動員，及帆船運動員最好攜帶一個防水哨子，還有用膠帶或繩索牢牢固定在救生艇上的火燄訊號筆及緊急閃光燈（strobe light）。

讓救援者能否清楚的看見你是很重要的。如果你看到或聽到救援船的聲音，把你的手或握著顏色鮮明（如襪子、內衣或游泳衣）的東西高舉過海面。

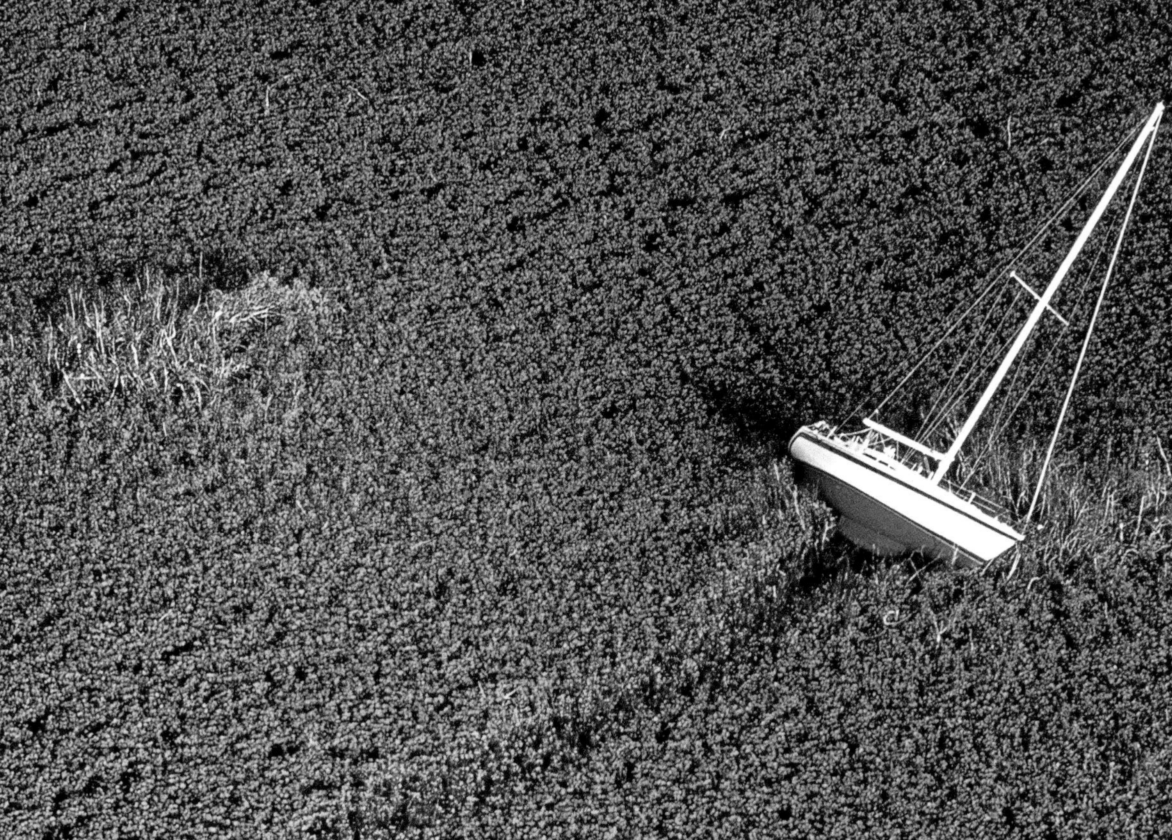

## 沒有船隻的漂流

如果你是從船上掉下來或是在游泳中被捲至海上，試著躺浮於水上來節省體力。如果水流平穩，你可以用背躺的方式漂流。如果水流兇猛，嘗試把你的手放於腹部下，手臂張開，頭沒於水下的動作漂浮，時而把頭抬起來呼吸。替換的方法是：用腳踩踢水，然後面向上放鬆呈仰躺式。如果是一個團隊，試著靠在一起取暖。

臨時的漂流輔助用具可以把長褲及長袖襯衫脫下，將褲管或袖子尾端綁一個結，用衣服或褲子繞過你的頭部後充氣，再把另一端的口用皮帶、鞋帶綁起來，或把開口直接放進水裡，做成氣囊，把這個衣服氣囊放置於你頸子周圍。

## 在河流中的救援

- 應用救援的指導原則：
  伸手、拋、划、離開
- 首先要救的是拿筏槳或棍子的人，再來就是投擲一個繩索救援袋或繩索。在水裡的人應背向救援者，雙手緊抓繩索，然後把頭往前稍微的低下來，以便幫助呼吸。不要把繩索投擲救援袋綁在一個已被繩索綁住的人或在水裡的救援者，強力的水流可能會把他們往下拉。
- 如果這些動作還不成功，就試圖把船滑到游泳者身邊。
- 最後的選擇是游泳，讓有能力游泳的人，依靠繩索的力量，安全地幫助游泳者。
- 如果你沒有具備河流救援的技能，寧可呼叫領隊或是河流領隊，不要試著冒然行動。

**右圖 很多人很喜歡急流冒險，但千萬不可低估急流冒險的危險性。**

## 兇猛的河流及急流

河流一度是冒險精英份子的領域，但現在卻變成一大群業餘水上冒險活動份子的活動區域，這使得河流的意外事件增加。千萬不要讓看起來很寧靜的河流欺騙了你，而且也不要高估自己的能力。

在湍急的河流上應用下面所述的游泳技巧：

- 此時船隻如有構成危險的可能，趕快游離它。
- 以背向下，腳向前的方式順向漂流，用手臂來推開障礙物。
- 如果有很大的波浪襲來，要用力地游開它，奮力游離急流，以免被吞噬。
- 如果發現自己是往障礙物方向漂流（如隱沒在水中的樹木或樹枝），此時趕快把你用腳朝前的漂流方式換成頭朝前的方式。這種方式可以幫助你游過或爬過這些障礙物而不至於被困在急流中。

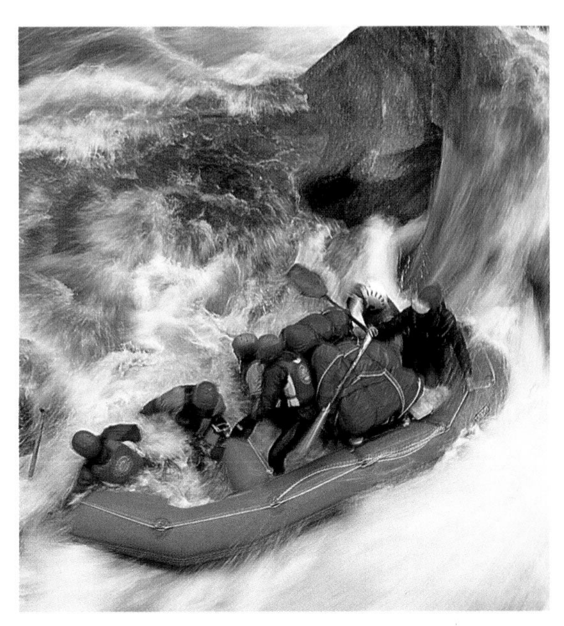

## 山越地形

荒野及野外冒險經歷通常包括山越地形，還有許多大、小飛機也墜毀在山上。強風、寒冷、雪崩及陡峭的斜坡，對精神緊繃及身心疲憊的隊員，真是危機四伏。不過如你已無其它方法，還是準備應付這個狀況吧！儘管決定移動攀爬，可能比留在原地更危險，此時是很難做決定的。

### 採取行動的小提示

■如果迷路，在你不認得出發的路時，千萬不要想從來路回去。

■儘快找尋避難處，但要靠近道路一點。如果你的避難處是在洞穴或岩壁之下，在入口處留下明顯的記號給搜救者。

■作記號（以石頭、樹木及樹枝做箭頭的記號來指示你行進的方向）。

■如果下雪，就搭建高的石堆或三腳架樹枝記號，再放衣服、塑膠或其它相似的東西於上面做記號。

■穿上衣服可以防止失溫的發生。

■如果已決定行進，往高處行進有助於利用天然的地形來定位。不然就是往下走，找尋可以沿著行進的河流。

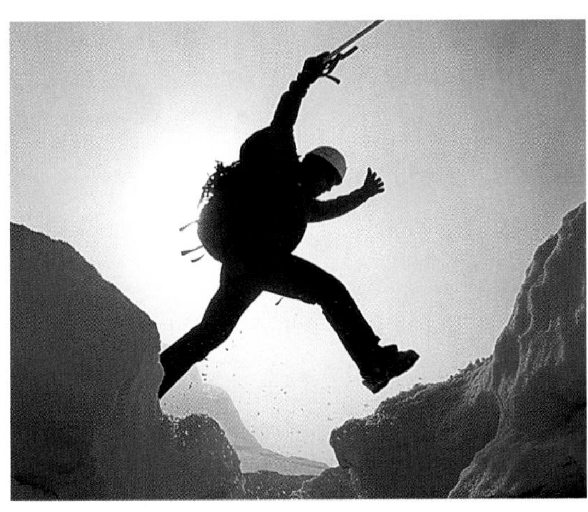

## 在洞穴中迷失

當你發現已迷失於洞穴中，你應該要：

■關閉所有的光源，保留你擁有的照明裝置電力。

■面向你所行進的方向坐下。

■評估狀況，還有先確定誰最有可能知道你們的行蹤及他們何時會開始搜尋？你是要繼續行進還是停在原地？

■把你所有的衣服、照明、食物及飲水寫在一張清單上。

■讓團員手牽手，互相緊靠坐下，這是用來確認他們沒有與其他的人分開、給與安全感及保持體溫。

■如果所有照明皆故障，讓你的眼睛完全調適，這可能要花上30分鐘或更多的時間。如果你的眼睛已經調適好，你可以用手機的微暗燈光來視察一下周遭環境。

■如果你所擁有的火柴是很有限的，試著用布料纏於樹枝上來做成火把。

■把蠟燭擦塗於衣料上，會比較容易燃燒。（口紅、護唇膏、奶油或起司也有一樣的效果）。

■爬行往往是最安全的選擇，用襪子或衣服包於手及膝蓋來保護它們。

■當你準備行進，記錄下你出發的時間及行進的方向，或是搭一個石堆記號以幫助搜救者來搜尋你的蹤跡。

■在非常狹窄的通道上，把體形較大的人安排於隊伍的中間。如果卡住了，前後團員才可以去協助他。

■最後的人，最好有一隻手可以放在洞壁上，這可以防止原路折回。

左圖 如果你迷失在不熟悉的山越地形中，請小心行進以免掉入縫隙中或斷崖之下。

# 周遭環境的危險

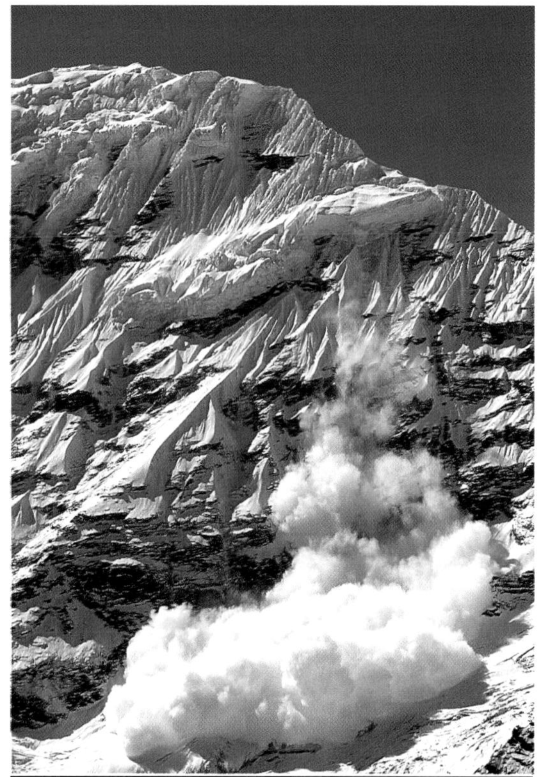
雪崩的受害者可以成功地把自己從10米（30英尺）深的落雪中挖掘出來。

## 求生的技能

- 如果身陷雪崩的雪中，試圖用游泳的動作大力的揮動你的手及腳。
- 如果你覺得雪崩已經趨緩，用拳頭，或腳及手臂擊打你身旁的積雪，製造出空間。躺平，如果你可以看到光，你可能已經距離地表很近了。
- 仔細傾聽搜救者的聲音，只有在確定搜救者靠近時大聲呼喊。
- 如果搜救者在幾分鐘內沒有抵達，趕快向上挖，這時讓你的口水流出，它滴下的方向可以讓你判別上下位置。
- 如果你看到有人身陷雪崩，盯著他們越久越好。當雪崩停止，趕到他們最後被看到的地方然後馬上向下搜尋。
- 如果你有一支細的手杖，用它來戳入雪中找尋受難者。
- 趕快在第一時間搜尋。**50%**的人於雪崩發生後自行脫困，**40%**的人被隊友匆忙救出，只有**10%**的人被稍後組成的搜救隊救出。

## 避免雪崩

雪崩通常發生在下大雪之後，或30-40度凸出的陡坡上。當積雪的底層被少量的雨水弄得較鬆散或溫度急劇上升，皆有可能造成雪崩。峽谷或山谷是雪崩奔落的途徑，當你行進在這些區域時要相當小心。

在這些區域的下方尋找是否有殘礫的痕跡，因它們可能是雪崩的前兆。爆裂聲、從陡坡上滾下的大雪球，或當走過被冰覆蓋的陡坡時有噪音發出，這些通常是雪崩區域的現象。

如果你沒有其它的選擇，必須在清晨或夜晚當降雪已經結冰時，攀爬行經至這些危險的陡坡，讓隊員先解開背包或帆布背包的帶子及皮帶，輕輕地通過，以防深陷於雪中。

在下大雪的區域做事先預防的措施，包括放一個救援無線電話機在你個人的裝備包中（一個小型的雪崩無線電會持續發出訊號來協助搜救人員確定這些被埋在雪下的遇難者位置）。一定要把無線電話機在行經雪崩區時打開。

## 森林大火

如果營火失控或因陽光反射到乾的易燃植物而引起大火，試著用衣服或毛巾把它熄滅。如果大火已經燃燒起來，你要趕快離開有煙霧或會吸入毒氣的危險路徑。大火燃燒的途徑是上坡比下坡快，記錄風向，試著往天然的防火線方向走，例如空曠處、一大片的岩石或河流區域。

如果沒有水源或你無法避免這場火，另一個選擇就是爬進縫隙中然後用土掩蓋自己。

你若是需要通過大火區域，把你的口及臉用衣服遮蓋起來（可能的話，先把衣物浸濕）。選擇植物較少、沒有坑洞或岩石的地方通過，以免被絆住，然後快速通過燃燒的區域。如果你的衣服或頭髮著火了，立刻躺在沙地上翻滾，或是用衣物來熄滅火。

如果你身陷於車上被大火包圍，最好的方法就是待在車裡，檢查車窗是否緊閉，因火需要有氧氣才會燃燒。這確實是很危險的，因為燃料箱有可能著火及爆炸，但這在現實生活中很少發生。

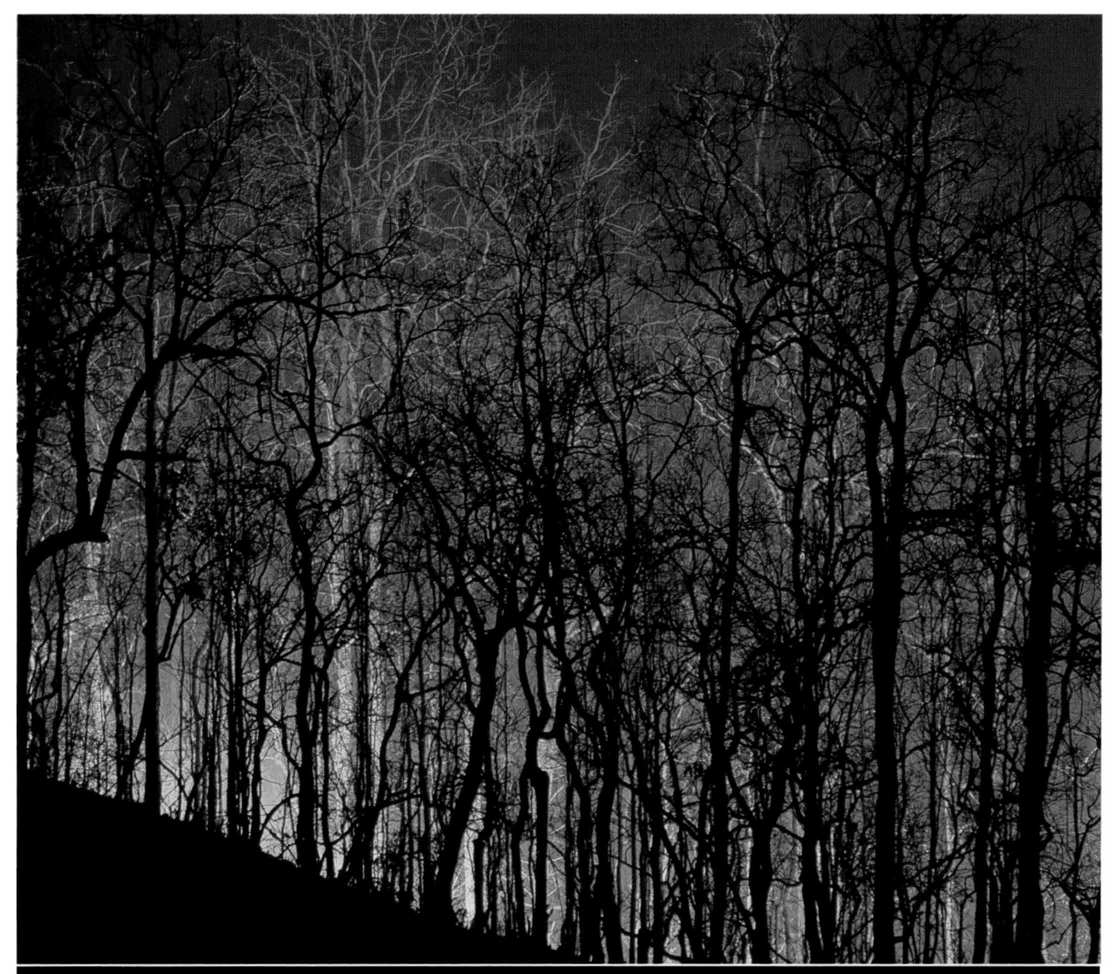

森林野火會以快速且長距離的方式擴散，記住燃燒的方向並且趕快離開。

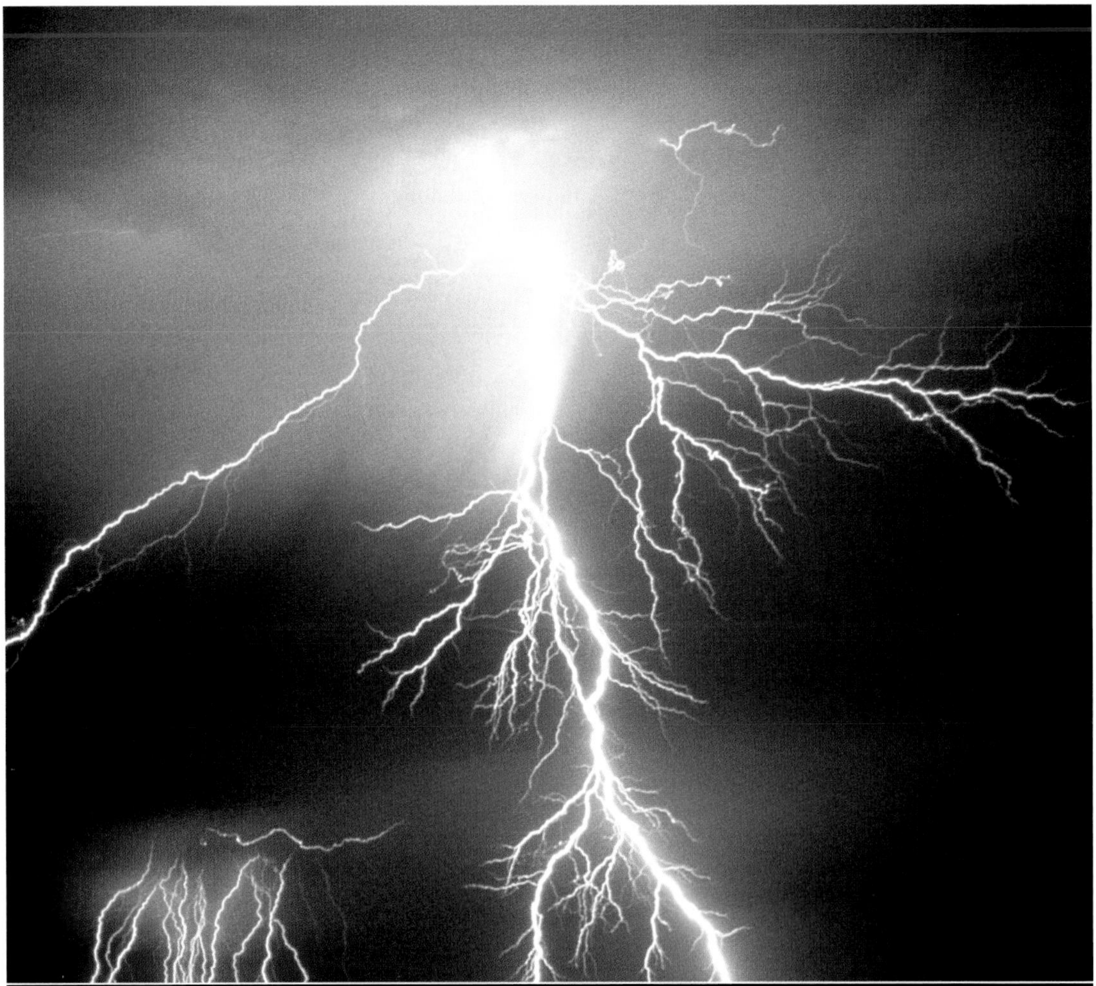

雷電的形成是：當上升的熱空氣與冷空氣結合，水滴因摩擦而產生靜電。高達百萬伏特的電壓在這些水分子中發出，然後擊向地球。

## 雷電

登山家及高山健行家可能會比其他人更常遭遇到雷電，因為雷電總是會襲擊在高地的岩石區域。雷雨可以由皮膚刺刺的感覺、聳立的髮尾，及嗡嗡作響的金屬設備來預測。最佳的雷電避難處是一個乾燥、深邃的洞穴，要遠離牆壁，還有不要直接躲在岩壁下面。用乾的背包及繩索為隔離物，以弓起的姿勢坐於隔離物上，雙腳要抬起離地。

不要站在濕的岩石裂縫處及煙囪的附近，因為它通常是雷電的放電路線，也不要站在屋脊及山脊上。當雷雨發生時而你剛好在空曠處，趕快平躺下來，把雙手張開。這樣做的話，你就不會是雷電的放電處，雷電應會擊打你附近的區域。

如果有人遭受雷殛，先檢查他的生命跡象然後立即施行心肺復甦術。被雷殛的患者之燒灼傷可以稍後再處理，首先是要讓患者恢復呼吸及血液循環。

## 颶風和龍捲風

颶風是風速超過115kph（72mph）的熱帶氣旋，颶風是以蒲福氏12級風級表來表示它的強度。它會挾帶大量的雨量，在海岸邊形成大海浪，颶風的暴風直徑範圍可高達500公里（300英里），具有極大的破壞力。預警的資訊會隨著大氣氣壓的變化而改變，忽然形成巨大的厚雲層，和一堆堆的捲雲，在凌晨和黃昏時間天空異常明亮。暴風登陸的這一段期間內，颶風眼經過時會有騙人的寧靜片刻，隨著颶風風向的改變，你必需移到避難所的另一邊。如果你的避難所靠近海岸邊，趕快離開，因為大海浪通常會伴著颶風而來。如果你是躲在帳篷裡，趕快拆掉它，找一個下風處的突出岩塊後，或挖一個壕溝來躲避風災。否則，就找一個有地下室的堅固建築物，然後把所有窗戶關起來。

龍捲風或旋風是小型的氣旋氣候現象。大部份的龍捲風強度不會太強，強度約在藤田分級表的F0-F3，氣旋風速發展可高達320kph（200mph）。 技術性來說，F6等級最強的風速約610kph（380mph）是有可能，但不太可能會發生。然而，儘管嚴重的龍捲風是很少見的，一旦發生，死傷也是非常驚人。

龍捲風的破壞能量是在它的漏斗頂端，至於地面的能量則約為20－50m（60－160ft）。整個漏斗結構充滿空氣，發展出不同結構的結實氣壓，是可以捲起車輛等之大型物體到龍捲漏斗的風柱。儘你可能遠離龍捲風，躲進堅固的建築物中，把靠近龍捲風的門窗關起來，而把另外一邊的門窗打開。如果你剛好是在戶外，在溝中躺平或抱著樹幹的底部，是你最安全的選擇之一。

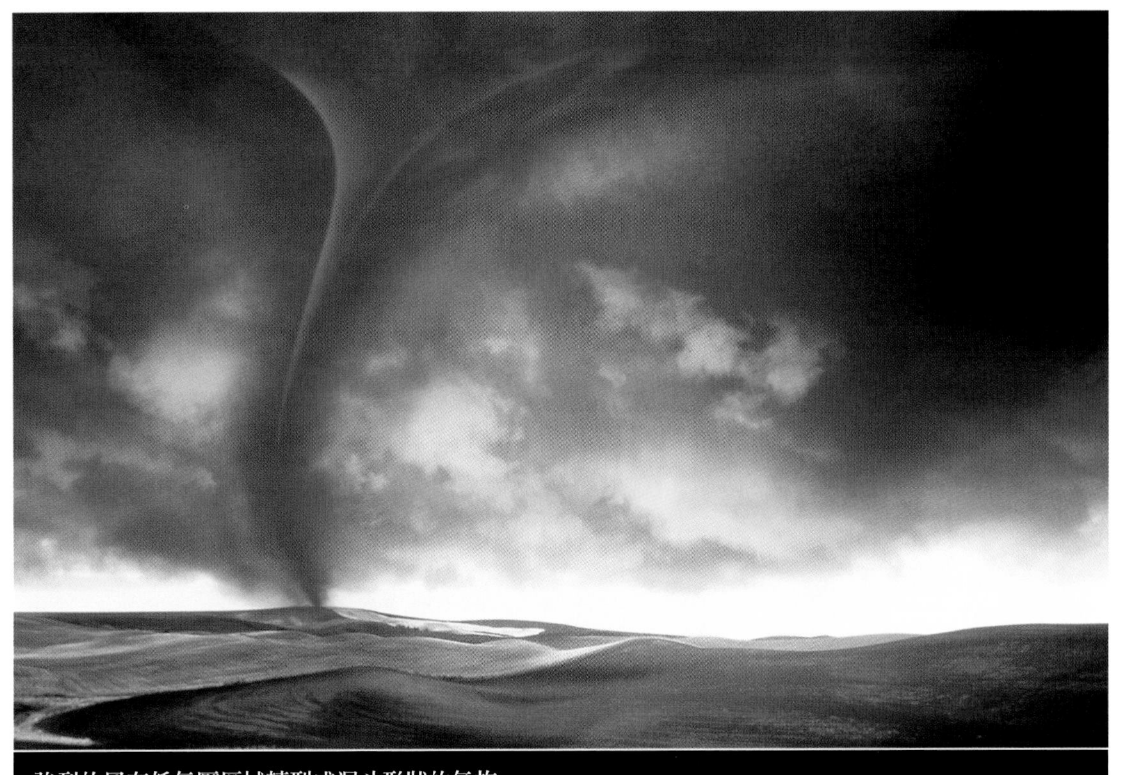

強烈的風在低氣壓區域轉型成漏斗形狀的氣旋。

## 摩斯密碼

A •—
B —•••
C —•—•
D —••
E •
F ••—•
G ——•
H ••••
I ••
J •———
K —•—
L •—••
M ——
N —•
O ———
P •——•
Q ——•—
R •—•
S •••
T —
U ••—
V •••—
W •——
X —••—
Y —•——
Z ——••

1 •————
2 ••———
3 •••——
4 ••••—
5 •••••
6 —••••
7 ——•••
8 ———••
9 ————•
0 —————

傳送摩斯密碼的速度放慢，在每個單字後停頓幾秒（依你的速度來判斷）及在每一個大字之後停頓。
AAA＝一段話結束。 AR＝訊息結束
IMI＝不了解，請重覆。
SOS＝ . . . — — — . . .

## 肢體訊號

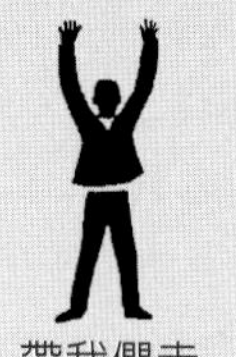
帶我們走

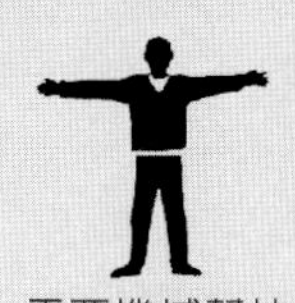
需要機械幫忙

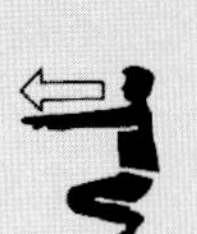
在此降落

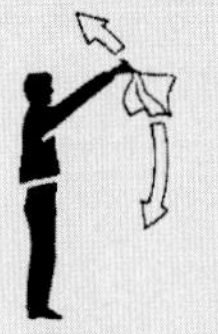
是

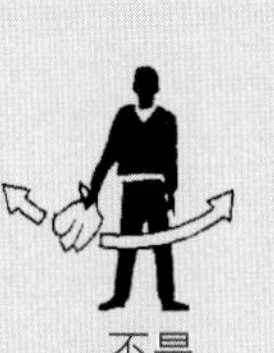
不是

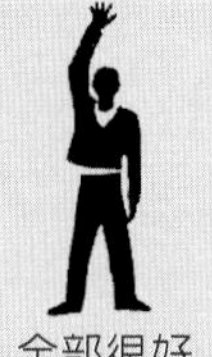
全部很好

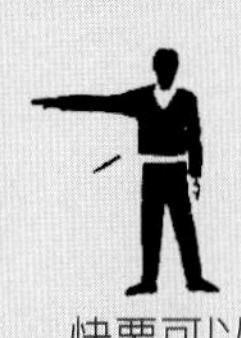
快要可以進行

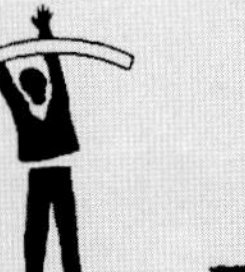
有無線通訊

不要試著在此降落

需要機械協助

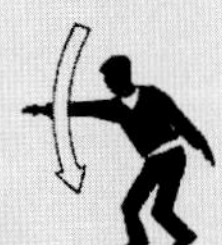
使用投置訊息

## 地對空訊號

| 符號 | 意義 | 符號 | 意義 |
|---|---|---|---|
| I | 傷勢嚴重－需要立即把傷者撤離 | II | 需要醫療用品 |
| F | 需要食物及飲水 | N | 否定(不是) |
| A | 是或用Y（yes）來表示 | LL | 一切平安 |
| X | 無法再前進 | → | 朝此方向前進 |
| K | 代表行進方向 | JL | 不了解 |
| □ | 需要指北針及地圖 | △ | 降落此處，安全無虞 |
| 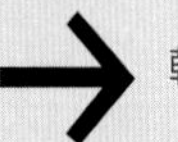 | 需要無線訊號及照明電池 | LΓ | 飛機損壞嚴重 |

**VHF救難緊急通訊頻道： 16**

**國際哨聲 / 閃光救援訊號**
重覆6聲哨聲 / 6次閃光

**必要求生階段：**
坐下－思考－觀察－規劃
避免驚慌及過度慌張
在採取任何行動前作幾次深呼吸

**急救必知：**
危險，打招呼，幫忙
ABC－呼吸道，呼吸，循環

**意識的等級：**
A： 靈敏的
V： 有談話回應（說話）
P： 只對疼痛的刺激有回應（如針刺）
U： 沒有回應

### 基本的繩結及繫結

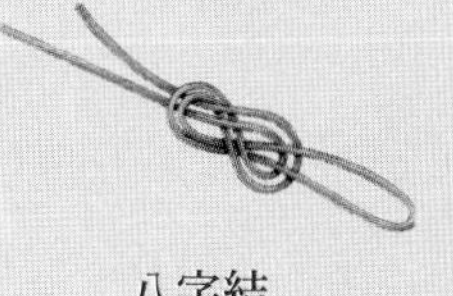
八字結

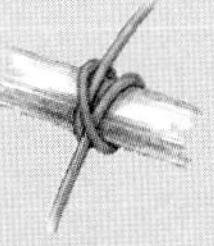
雙套結

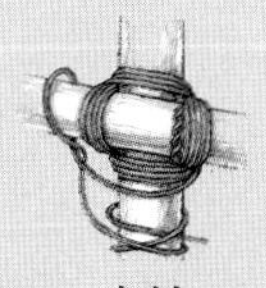
方結

請沿虛線剪下，對折裝訂後寄回

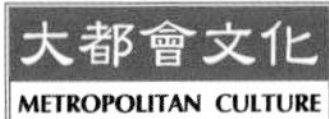


# 野外求生寶典 Outdoor Survival

活命的必要裝備與技能

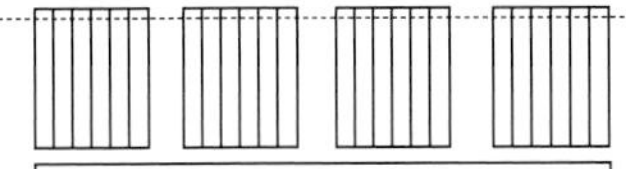

北區郵政管理局
登記證北台字第9125號
免 貼 郵 票

大都會文化事業有限公司
讀者服務部收

110 台北市基隆路一段432號4樓之9

寄回這張服務卡（免貼郵票）
您可以：
◎不定期收到最新出版訊息
◎參加各項回饋優惠活動

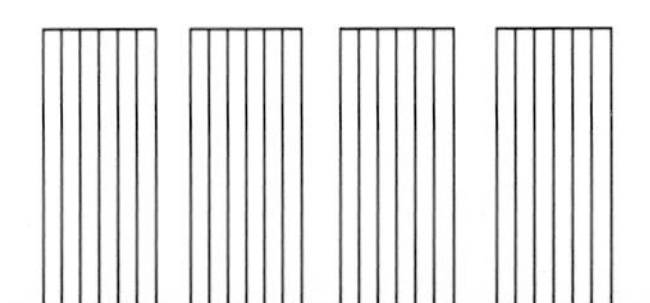

# 大都會文化 讀者服務卡

書名：野外求生寶典─活命的必要裝備與技能
謝謝您選擇了這本書！期待您的支持與建議，讓我們能有更多聯繫與互動的機會。
日後您將可不定期收到本公司的新書資訊及特惠活動訊息。

A. 您在何時購得本書：_____年_____月_____日

B. 您在何處購得本書：__________書店，位於__________(市、縣)

C. 您從哪裡得知本書的消息：
1.□書店 2.□報章雜誌 3.□電台活動 4.□網路資訊
5.□書籤宣傳品等 6.□親友介紹 7.□書評 8.□其他

D. 您購買本書的動機：（可複選）
1.□對主題或內容感興趣 2.□工作需要 3.□生活需要
4.□自我進修 5.□內容為流行熱門話題 6.□其他

E. 您最喜歡本書的：（可複選）
1.□內容題材 2.□字體大小 3.□翻譯文筆 4.□封面 5.□編排方式 6.□其他

F. 您認為本書的封面：1.□非常出色 2.□普通 3.□毫不起眼 4.□其他

G. 您認為本書的編排：1.□非常出色 2.□普通 3.□毫不起眼 4.□其他

H. 您通常以哪些方式購書：(可複選)
1.□逛書店 2.□書展 3.□劃撥郵購 4.□團體訂購 5.□網路購書 6.□其他

I. 您希望我們出版哪類書籍：（可複選）
1.□旅遊 2.□流行文化 3.□生活休閒 4.□美容保養 5.□散文小品
6.□科學新知 7.□藝術音樂 8.□致富理財 9.□工商企管 10.□科幻推理
11.□史哲類 12.□勵志傳記 13.□電影小說 14.□語言學習（____語）
15.□幽默諧趣 16.□其他

J. 您對本書(系)的建議：

K. 您對本出版社的建議：

讀者小檔案
姓名：____________性別：□男 □女 生日：____年____月____日
年齡：1.□20歲以下 2.□21─30歲 3.□31─50歲 4.□51歲以上
職業：1.□學生 2.□軍公教 3.□大眾傳播 4.□服務業 5.□金融業 6.□製造業
7.□資訊業 8.□自由業 9.□家管 10.□退休 11.□其他
學歷：□國小或以下 □國中 □高中／高職 □大學／大專 □研究所以上
通訊地址：________________________________
電話：（H）____________（O）____________傳真：____________
行動電話：____________ E-Mail：____________________

◎謝謝您購買本書，也歡迎您加入我們的會員，請上大都會網站www.metrbook.com.tw登錄您的資料。您將不定期收到最新圖書優惠資訊和電子報。

野外求生寶典 Outdoor Survival
活命的必要裝備與技能

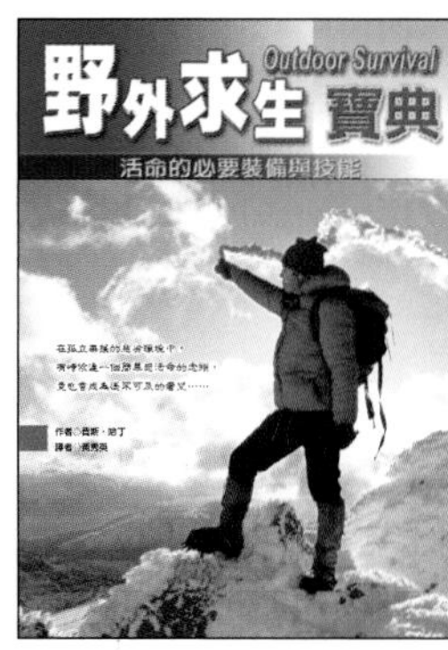

作　　者　賈斯・哈丁（Garth Hattingh）
譯　　者　黃秀英

發 行 人　林敬彬
主　　編　楊安瑜
編　　輯　杜韻如
內頁編排　洸譜創意設計
封面設計　洸譜創意設計

出　　版　大都會文化事業有限公司　行政院新聞局北市業字第89號
發　　行　大都會文化事業有限公司
110台北市基隆路一段432號4樓之9
讀者服務專線：（02）27235216
讀者服務傳真：（02）27235220
電子郵件信箱：metro@ms21.hinet.net
網　　址：www.metrobook.com.tw

郵政劃撥　14050529 大都會文化事業有限公司
出版日期　2006年07月初版一刷
定　　價　260 元

ISBN 10　986-7651-73-1
ISBN 13　978-986-7651-73-0
書　　號　Sports-01

Metropolitan Culture Enterprise Co., Ltd.
4F-9, Double Hero Bldg., 432, Keelung Rd., Sec. 1,
Taipei 110, Taiwan
Tel:+886-2-2723-5216　Fax:+886-2-2723-5220
E-mail:metro@ms21.hinet.net
Web-site:www.metrobook.com.tw

First published in UK under the title Outdoor Survival
by New Holland Publishers (UK) Ltd


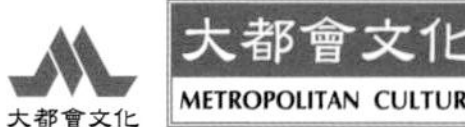


國家圖書館出版品預行編目資料

野外求生寶典：活命的必要裝備與技能 /
賈斯・哈丁(Garth Hattingh)著；黃秀英譯. --
初版. -- 臺北市：大都會文化發行, 2006〔民95〕
面；　公分
譯自：Outdoor survival
ISBN：986-7651-73-1 (平裝)
1. 野外求生 2. 急救
992.78　　95006500

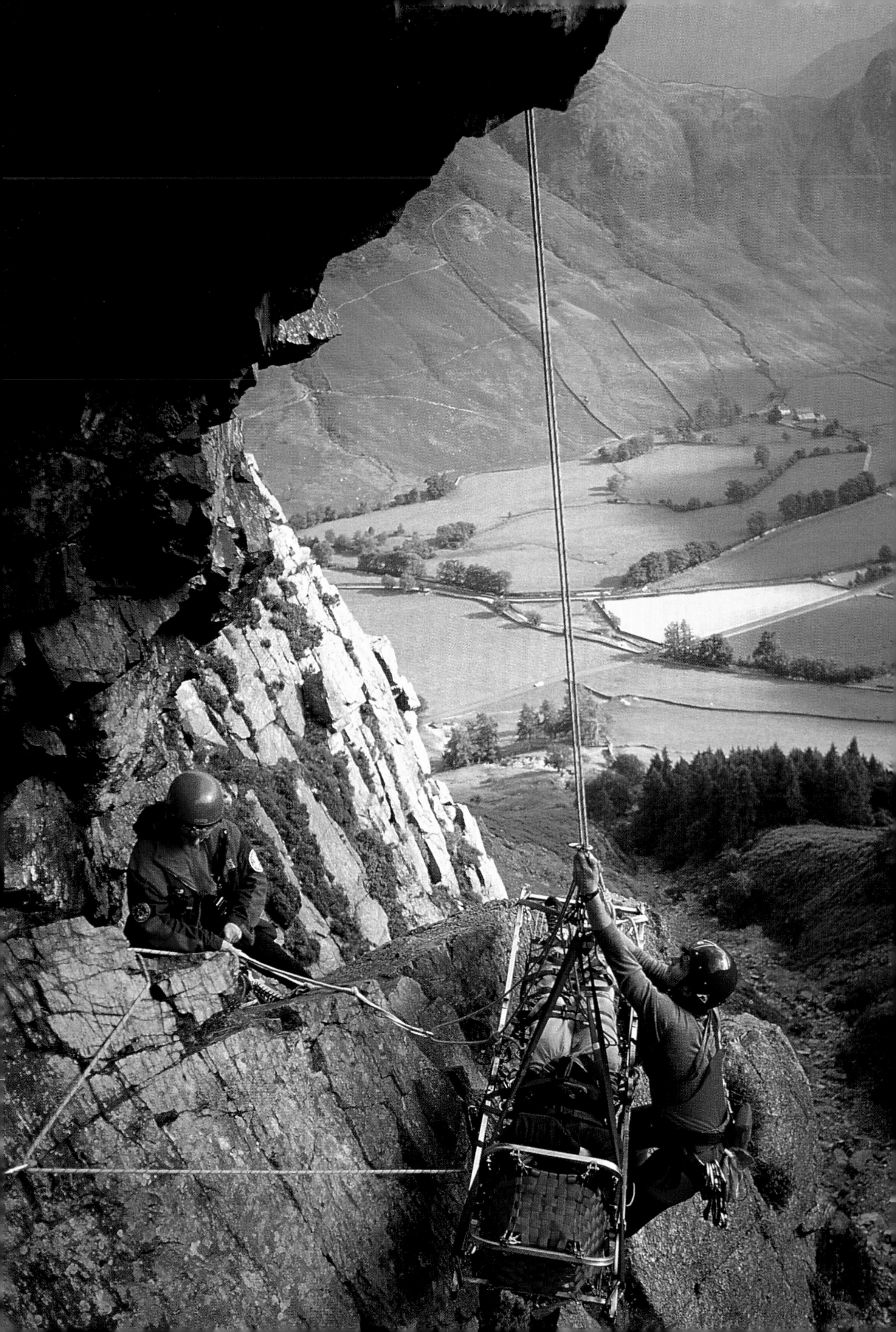